Kramer / Schmidt-Halewicz • Geht der Winter im Sommer an den Nordpol?

Für Jim Tarem Krischan Kramer

Martin Kramer
Sabine Schmidt-Halewicz

Geht der Winter im Sommer an den Nordpol?

Spielerisch die Welt entdecken: Naturwissenschaftliches Denken und Erleben im Kindergarten

BELTZ

Lektorat: Michael Kühlen

© 2010 Beltz Verlag · Weinheim und Basel
www.beltz.de
Layout und Satz: Angela May Grafikdesign & Buchgestaltung, Mettmann
Druck: Beltz Druckpartner, Hemsbach
Umschlaggestaltung: glas ag, Seeheim-Jugenheim
Umschlagabbildung: Martin Kramer, Tübingen
Printed in Germany

ISBN 978-3-407-62738-4

Inhaltsverzeichnis

Vorwort

»Versucht nicht, ihnen etwas beizubringen, einzurichtern!
Ohne didaktisches Korsett lernen sie freier, fröhlicher, tüchtiger.«

Ute Andresen, Ausflüge in die Wirklichkeit

»Erst müssen Grundlagen geschaffen werden, erst dann ist es sinnvoll, sich komplexeren Aufgaben zuzuwenden.«

Das hört man immer wieder. Wir sind es gewohnt, in einer beschulenden Art und Weise zu denken. Vielleicht, weil wir selbst beschult worden sind. Beschulen heißt: Wir hören die Frage und geben eine Antwort; wir sagen, wie die Welt aufgebaut ist.

Ich höre die Kinder fragen: »Wo ist das Licht hin, wenn ich es mit dem Schalter ausmache?« »Wo fängt der Himmel an?« »Wo war ich, bevor ich bei euch (den Eltern) war?« »Gibt es einen Gott?«

Und ich höre die Erwachsenen, die die Fragen aufgeschrieben haben, sagen: »Jetzt haben wir genügend Stoff beisammen, um anzufangen.« Und die Erwachsenen merken nicht, dass sie in diesem Augenblick ein Stoffpaket zusammengeschnürt haben, das sie jetzt unterrichten wollen. Mit den besten Absichten.

»Geht der Winter im Sommer an den Nordpol?«, hat uns ein Kind gefragt. Während der Arbeiten an dem Buch erreichte uns der Hinweis, dass der Sommer im Winter eigentlich an den Südpol gehen müsste. Es ist sicherlich richtig, dass auch am Nordpol Sommer ist, wenn bei uns Sommer ist. Die Wirklichkeit des Kindes ist aber eine andere. Es geht um die Frage, um das Forschen und um das *Suchen* noch einer Antwort – und nicht um die »richtige« Antwort der Erwachsenen. Es geht darum, mit den Kindern wissenschaftlich zu arbeiten, und nicht darum, abfragbares Wissen zu vermitteln. In der Frage des Kindes steckt viel, viel mehr als der Aspekt, den wir »Experten« zu sehen meinen. In diesem Sinne also heißt das Buch »Geht der Winter im Sommer an den Nordpol?«. Natürlich hätten wir auch jede andere Kinderfrage nehmen können.

Und noch ein Hinweis: Mathematik, Philosophie und die Naturwissenschaften waren zunächst nicht klar voneinander getrennt. Die Aufteilung in Fachwissenschaften ist eine jüngere Entwicklung. Aber was an der Universität sinnvoll ist, muss nicht auch im Kindergarten sinnvoll sein. Die Kinder sehen mehr das Material, das die Dinge miteinander verbindet. Deswegen gibt es ein eigenes Kapitel »Rund ums Wasser« (Kapitel 3), das physikalische, chemische und biologische Aspekte vereint. Einiges daraus ließe sich auch unter Mathematik rubrizieren (Kapitel 1), anderes könnte hervorragend die physikalischen Experimente in Kapitel 2 ergänzen.

Sie sehen: Eine Trennung ist zwangsläufig unscharf. Wichtig ist: Alle Naturwissenschaften haben ihren Platz im Kindergarten.

Die Bilder im Buch entstanden im Rahmen einer dreijährigen Fortbildung für Erzieherinnen, die die Landesarbeitsgemeinschaft TheaterPädagogik Baden-Württemberg im Rahmen des Programms »SCOUT – Science outlined« durchführte. Theaterpädagogen und Naturwissenschaftler gingen zusammen in insgesamt 16 Kindergärten. Unser Dank geht an die Gruppe der Erzieherinnen, die sich auf dieses dreijährige Abenteuer eingelassen haben: Petra Binsch, Elisabeth Fläig, Heike Halder (für die Telefonate und wertvollen Tipps in der Umsetzung), Ulrike Kienast, Kerstin Reinhold, Gisela Schäfer, Valerie Schütz, Nadine Ströbele, Isolde Zeh, Tina Zeitz. Ebenso danken wir den Referenten Bernd Köhler und Otto Seitz. Dank geht auch an Klaus-Dieter Keller mit Familie und Hans-Peter Schwarz vom Handels- und Gewerbeverein Tübingen für die Zusammenarbeit bei der Kartonstadt (siehe S. 76). Ein ganz besonderer Dank gilt Ulrike Tilke, mit der ich im Team am Kindergarten »Galgenberg« war und Ideen entwickelt und umgesetzt habe.

Martin Kramer

Statt einer Einleitung:
Wie denken Kinder? Was sind Kinder?
Oder besser: Wo sind Kinder?

Kinder sind anders als Erwachsene. Sie sind so ziemlich genau das Gegenteil von Erwachsenen. Eine Beschreibung, die besagt: »Sie denken anders«, reicht nicht. Bei Weitem nicht.

Ein Beispiel: Es mag sein, dass eine Stunde eine wohldefinierte Zeiteinheit markiert. Dennoch ist für ein Kind eine Stunde etwas völlig anderes als für einen Erwachsenen. Ich sehe meinen Jungen mit vier Jahren den Zeiger auf der Uhr verfolgen, bis endlich die Freunde zum Geburtstagsfest kommen.

Je älter wir werden, in desto größeren Zeitabschnitten denken und planen wir. Ein Kind lebt im Hier und Jetzt. Vergangenheit ist alles, was war, Zukunft ist alles, was noch kommen wird. Wird genauer unterschieden? Mit der gelebten Lebenszeit wird das Aufspalten von zeitlichen Prozessen differenzierter: Ich sage, dass ich in fünf Minuten wiederkomme. Ich bin nur kurz draußen. Einem Zweijährigen kann ich das nicht erklären, er denkt noch nicht in zeitlichen Begriffen, er denkt im »Hier und Jetzt«, er weiß nicht, wann fünf Minuten vorbei sind. Für ihn bedeutet die momentane Abwesenheit die Abwesenheit für immer.

Denkt ein Erwachsener an den Tod, so hat er stets die Endlichkeit des Lebens in Gedanken vor sich: Er spürt die eigene Endlichkeit, er weiß darum, dass er sterben muss.

Ein Kind lebt unendlich lange. Das Kind weiß natürlich, dass die Dinge vergehen, dass es Tod gibt, aber es ist eine alte Wahrheit, dass wir erst mit etwa 25 Jahren wahrnehmen, dass wir selbst vergänglich sind.

Kinder leben in einer anderen Welt.

Nicht nur die zeitliche Wahrnehmung von Erwachsenen und Kindern ist völlig verschieden, auch die räumliche Wahrnehmung: Die Perspektive ist eine andere. Wenn Sie nur einen Meter groß sind, dann ist eine Treppe ein doppelt so großes Hindernis. Eine banale Feststellung. Trinkgefäße haben den doppelten Durchmesser, die doppelte Höhe – und damit den achtfachen Inhalt.[1]

---

1   Verdoppeln sich alle drei Raumdimensionen, verachtfacht sich der Inhalt: $2^3 = 8$.

Aber es ist nicht nur, dass die Dinge größer werden. Die Dinge wirken auch anders: Wenn Sie das nächste Mal Zug mit Ihrem Kind spielen, so *ist* die Lokomotive für das Kind doppelt so lang, die Kinderhände *fühlen* einen doppelt so großen Baustein in der Hand. Der Bagger von der Baustelle nebenan oder das Müllauto sind, auf unsere Größe übertragen, Kolosse von der Höhe eines Hauses.

Ein bisschen kann man sich einfühlen, wenn man in die Hocke geht oder wenn man beim nächsten Papierflieger ein größeres Papierformat wählt, also mindestens DIN A3, besser DIN A2 (dann ist jede Seite doppelt so lang wie bei DIN A4).

Der Raum ist etwas Sonderbares. Je älter wir werden, desto abstrakter begreifen wir den Raum. Wir wissen, dass wir auf einer Weltkugel leben, sehen Dinge, die weit entfernt sind. Wie aber steht es um die Wahrnehmung eines Kindes?

In erster Linie sieht das Kind seine unmittelbare Umgebung. Es fällt ihm schwer, etwa die Gefahren beim Straßenverkehr zu erkennen: »Das Auto ist noch weit weg, warum soll das ein Problem sein?« Wie viel Erkennen ist eigentlich notwendig, um eine Straße sicher zu überqueren? Die Autos, die uns die Rücklichter zeigen, bedeuten ja keine Gefahr. Es geht also um die Entfernung und um die Richtung der fahrenden Autos.

Die Wahrnehmung eines Kindes hat einen anderen Radius. Man tut dem Kind allerdings Unrecht, wenn man dabei stets an einen kleineren Radius denkt. So sehen Kinder andere Dinge als wir – und sehen andere für wesentlich an. Ein Flugzeug oder der Mond sind Objekte, auf die wir im Straßenverkehr nicht achten, das Kind mitunter schon.

Wir haben gelernt, zu unterscheiden, was in einer bestimmten Situation für uns wichtig und was unwichtig ist – um zu überleben. Anders formuliert: Wir sehen die Welt durch einen Filter. Dadurch vereinfachen wir die Informationsfülle, die uns umgibt. Alles wäre für uns zu viel. Ein Kind sieht die Welt anders, ungefiltert eben. Ein entgegenkommendes Fahrzeug ist genauso interessant wie die Wolken am Himmel.

Kinder hören leisere und höhere Töne als wir, sie sehen, riechen, schmecken und fühlen auch besser. In diesem Sinne, im besten Sinne, gehört den Kindern die Welt mehr, als sie uns Erwachsenen gehört.

Wenn Sie sich leicht die Ohren zuhalten oder Ihre Brille abnehmen, bekommen Sie eine ungefähre Vorstellung davon, wie groß der Unterschied zwischen Ihrer Wahrnehmung und der Wahrnehmung eines Kindes ist – und das auf rein physiologischer Ebene.

Mathematik ohne Zahlen

»Mathematik« ist weit mehr als zählen und rechnen. Vielleicht ist es sogar einfacher, sich im Kindergarten mathematischen Themen zu nähern, als in der Schule. Es lenken keine Zahlen und Rechnungen ab. »Mathematik« betreiben bedeutet, in Strukturen zu denken. Geometrie beginnt mit dem *Begreifen* von Formen. So kann Symmetrie als der Beginn mathematischen Denkens betrachtet werden.

Erbsen, Zahnstocher und junge Ingenieure

Material:
- *ganze Erbsen, etwa 12 Stunden eingeweicht*
- *Zahnstocher*
- *Fünf-Liter-Eimer*

Das Material ist sehr preiswert, und doch lassen sich mit eingeweichten Erbsen und Zahnstochern viele Konstruktionen anfertigen. Eine Art günstige Fischertechnik.

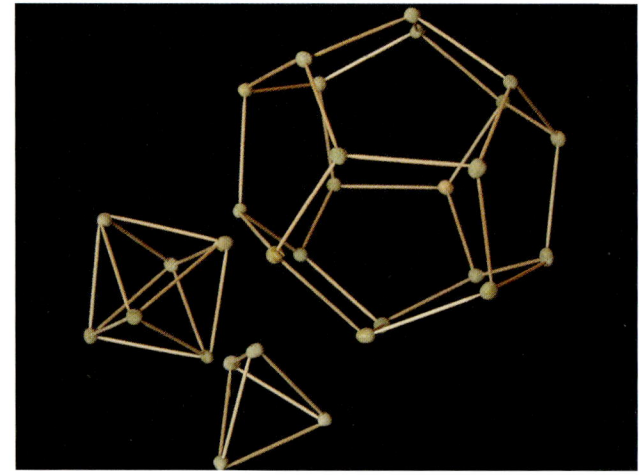

Im Grunde muss man nur das Material bereitstellen: Erbsen und genügend Zahnstocher. Das Keimen der Erbsen kann ein paar Tage hinausgeschoben werden, wenn man sie im Kühlschrank lagert.

Die Verbindung ist erstklassig: Sie ist ungiftig, hält unmittelbar und kostet fast nichts. Gelernt habe ich diese Verbindung von der Erzieherin Heike Halder.

Natürlich kann man Tetraeder, Würfel, Oktaeder bauen und auf Kanten, Ecken, Flächen und Symmetrien untersuchen. Aber im Grunde forschen die Kinder von sich aus. Das Material selbst wird zum Anleiter, gibt und nimmt Möglichkeiten. Um zu zeigen, wie man mit dem Material arbeiten kann, wurde vor den Kindern ein Tetraeder (die kleine Pyramide rechts im Bild oben links) gebaut. Möchte man die Konstruktionen in Seifenblasenflüssigkeit eintauchen (siehe nächste Seite), sollten sie nicht größer als ein Fünf-Liter-Eimer werden.

Es ist erstaunlich, was Vorschulkinder entwerfen können. Im Bild links hat der Junge auf der Basis von regelmäßigen Sechsecken ganze Stockwerke gebaut. Die Kinder erfinden Konstruktionen von selbst. Es ist auch nicht so, dass Jungen hier besser wären als Mädchen.

Das Verfahren eignet sich für Jung und Alt. Ich selbst hatte viel Vergnügen beim Bau der sogenannten platonischen Körper. Der bekannteste platonische Körper ist

der Würfel, dann gibt es noch den Tetraeder, den Oktaeder, den Dodekaeder und den Ikosaeder.

Aber es geht auch ohne dieses Wissen: Das Material
spricht Eltern und Kinder gleichermaßen an. Wenn Sie
also einen Offenen Tag bestreiten wollen, dann haben
Sie hier mit wenig Aufwand viel Freude.

Seifenblasenflüssigkeit und Konstruktionen

Wie würde es aussehen, wenn die Konstruktionen in
Seifenblasenflüssigkeit eingetaucht werden würden? Wie
bespannt sich der eigene Bau?

Um die Seifenblasenflüssigkeit selbst herzustellen, verrühren Sie Spülmittel, Wasser
und Glyzerin gut und lassen die Mischung über Nacht stehen, damit kein Schaum das
Experimentieren stört. Schaum ist der Feind beim Arbeiten mit Seifenblasenflüssigkeit!

Die Konstruktionen aus der letzten Übung werden an einem sicheren Platz ausgestellt.
Am besten beginnt man mit etwas Einfachem, einem Würfel oder einem Tetraeder
(Pyramide). In der Art und Weise, wie das erste Objekt eingetaucht wird, werden sehr
wahrscheinlich auch die anderen eingetaucht. Je ruhiger die Zuschauer und je
langsamer das Auftauchen, desto schöner.

Material:
- *fünf Liter Seifenblasenflüssigkeit (für etwa 20 Euro unter www.pustefix.de bestell-bar)*

alternativ:
- *500 ml Spülmittel*
- *5 Liter Wasser*
- *ein bis zwei Esslöffel Glyzerin aus der Apotheke*

Jeder Konstrukteur taucht langsam und vorsichtig sein eigenes Objekt ins Bad. Aber erst, wenn völlige Stille herrscht. Wenn das Objekt vorsichtig herausgezogen wurde, darf geklatscht werden.

Bei (kleinen) Kindern braucht es eine Form, damit kein Chaos entsteht. Am besten nehmen Sie den Eimer nach draußen und lassen die Modelle im Raum oder in einiger Entfernung stehen. Nacheinander holt dann jedes Kind sein Werk zum Eintauchen. Wenn alle Kinder mit ihrem Modell anrücken, dann geht vielleicht einiges zu Bruch.

Seifenblasen möchten so lange wie möglich leben. So versuchen sie, eine möglichst dicke Seifenhaut zu bilden. Und das erreichen sie, indem sie sich so stark wie möglich zusammenziehen, also ihre Oberfläche minimieren. Was wir betrachten, sind daher Minimalflächen: Seifenblasen sind kugelförmig, weil hier das Verhältnis von Oberfläche und eingeschlossenem Volumen am besten ist.

Es ist ein Experiment, das Kinder und Erwachsene gleichermaßen begeistert. Vielleicht verstehen die Kinder nicht, was die Erwachsenen daran fasziniert, aber sie spüren die Verblüffung der Erwachsenen.

Kleine Seifenblasen

Spiel A: Der Müdeste legt sich in der Mitte des Raumes auf eine Matratze. Weder die Matratze noch der Schläfer dürfen berührt werden. Bald werden Seifenblasen aus großer Höhe herabsinken und die Träume unseres müden Helden bedrohen. Die Engel versuchen, durch Wegpusten oder Zerstören der Blasen die Träume zu retten. Alles muss natürlich ganz leise geschehen – sonst wacht der Schläfer auf. Etwas schwieriger wird es, wenn die Engel die Blasen nicht berühren dürfen.

Spiel B: Ein Feld (zwei auf zwei Meter) wird durch zwei Matratzen oder ein Kreppband markiert. Wir stellen uns vor, dass wir in großer Höhe auf einem fliegenden Teppich durch die Luft gleiten. Ein Fehltritt über den fliegenden Teppich hinaus, und wir fallen in die Tiefe. Wieder kommen von oben Seifenblasen, und jeder versucht, auszuweichen oder die Blasen wegzupusten.

Wenn die Gefahr überstanden ist und die Kinder Luft holen müssen, kann man darüber nachdenken, wie es wäre, wenn man die Übung mit viel, viel größeren Seifenblasen machen würde. Wie würden sich riesige Seifenblasen bewegen?

Riesige Seifenblasen

Allein schon die Größe fasziniert. So groß und doch so harmlos. Als Erwachsener bekommen Sie das nur halb mit – und zwar im wörtlichen Sinne. Weil sie selbst kleiner sind, ist für Kinder alles doppelt so lang, doppelt so breit und doppelt so hoch.

Aber nicht nur die Größe, auch die Farben und Spiegelungen begeistern. Ich habe bisher noch niemanden kennengelernt, der vom Anblick von Seifenblasen nicht fasziniert wäre.

Während Kinder im Spiel mit den kleinen und riesigen Objekten versinken, entdecken ältere Menschen in den schwebenden Kugeln die Vergänglichkeit der Dinge und die Schönheit des Augenblickes.

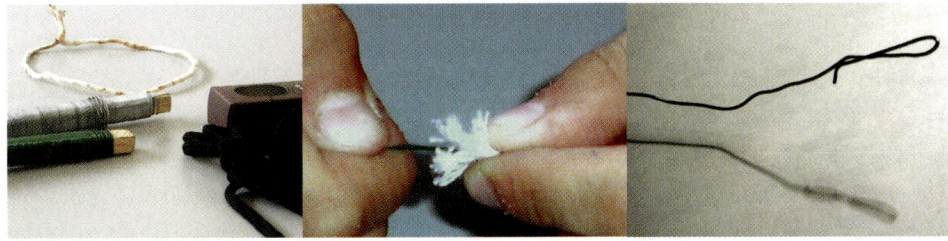

Schnürsenkel sind innen hohl. In diesen »Schlauch« muss der Draht gefädelt werden. Wenn Sie dafür den Draht umbiegen, gelingt das Einfädeln leichter. Sie erhalten eine Art langen Pfeifenputzer. Die beiden Enden des ummantelten Drahtes werden verdrillt, um einen Griff zu formen. Ein zweiter Griff kann durch Verdrillen der gegenüberliegenden Seite geformt werden.

Material
- eine große Schale oder eine Wanne zum Eintauchen des Ziehringes
- für den Ziehring einen Schnürsenkel (ca. einen Meter lang) und Blumendraht
- Seifenblasenflüssigkeit (siehe nächste Seite)

Am besten gelingen die Blasen bei feuchtem Wetter. Wenn die Sonne noch scheint, schillern Regenbogenfarben. Ideal ist es, wenn nach kurzem Regen die Sonne wieder scheint und es fast windstill ist.

Große Seifenblasen werden nicht geblasen, sondern gezogen. Es braucht ein bisschen Übung, um die richtige Technik zu finden. Am besten erklären Sie es den Kindern, *ohne* eine Blase zu machen. Ansonsten schauen alle – verständlicherweise – auf die Blase und achten nicht auf die Ziehtechnik: Den eingetauchten Ziehring lässt man kurz über der Wanne abtropfen. Jetzt zieht man – nicht zu schnell und nicht zu langsam – den Ring nach oben. Auf diese Weise entsteht ein schlauchförmiges Gebilde.

Seifenblasenflüssigkeit – Rezept für große Blasen

- 300 g Zucker
- 7 Esslöffel Salz
- 4 Liter destilliertes Wasser: Da Kalk die Seife bindet, ist normales Leitungswasser schlechter als destilliertes Wasser. Destilliertes Wasser gibt es im Baumarkt oder im Wäschetrockner.
- 450 ml Spülmittel: Amerikanische Spülmittel eignen sich besser, da sie meist einen höheren Tensid-Anteil als deutsche Spülmittel haben.
- 40 ml Glyzerin (zum Beispiel aus der Apotheke)

Zuerst wird die Zuckerlösung angesetzt. Dazu werden die 600 ml Wasser in einem Topf erwärmt. Die 300 g Zucker und die 7 Esslöffel Salz gibt man dann in das warme Wasser und rührt so lange, bis sich die Zuckerkristalle vollständig aufgelöst haben. Anschließend werden in einem anderen Gefäß 450 ml Spülmittel mit 600 ml Wasser vermischt. Danach wird das Gemisch aus Spülmittel und Wasser in den Topf mit dem Zuckerwasser geschüttet. Zuletzt werden das restliche Wasser und die 40 ml Glyzerin in den Topf hinzugegeben. Das Gemisch nun 2 Stunden bei Zimmertemperatur gut durchziehen lassen.

Glyzerin trägt ebenso wie Zucker dazu bei, dass die Seifenlösung zäher wird und die Seifenhäute dicker werden. Das macht die Seifenblasen stabiler.

Der Zucker bietet natürlich eine ideale Nährlösung für Bakterien. Die Flüssigkeit ist daher nicht über Monate hinweg haltbar.

Zieht man zu schnell, dann reißt der Schlauch ab, zieht man zu langsam, bildet er sich erst gar nicht. Wenn ein leichter Wind geht, kann man den Ziehring auch nur in die Luftströmung halten.

Wenn die Blase groß genug ist, dreht man den Ziehring. Man kippt ihn um etwa 180 Grad zu sich hin. Dadurch wird die Öffnung verschlossen, und die Blase löst sich ab.

Der »natürliche Feind« der Seifenblase ist der Schaum. Wieder und wieder habe ich gesehen, wie Kinder und Erwachsene mit dem Ziehring wild in der Seifenblasenflüssigkeit rühren. Der Blas- oder Ziehring benetzt sich dadurch nicht besser. Es wird nur viel Schaum erzeugt.

Wenn die Ziehringe nicht in den Schmutz (also auf den Boden) gelegt werden, bleibt die Seifenblasenflüssigkeit sauber und verliert nicht an Qualität.

Wenn Sie einen einzigen Ziehring haben, ist die Aufmerksamkeit von selbst gebündelt, aber es dauert einfach länger, bis man drankommt. Zwei oder drei Ringe sind gut. Es hilft auch, wenn man vorher schon die Reihenfolge festlegt, wem der Ring jeweils weitergegeben wird.

Natürlich darf jeder nur seine eigene Blase kaputt machen. Mitunter ist es schade, dass die Kinder ihre Blasen so schnell platzen lassen. Wenn es darum geht, welche Blase am längsten hält, und laut mitgezählt wird, hört die Zerstörungslust des jeweiligen Schöpfers meist auf. Es lässt sich so viel beobachten: »Da ist ja ein Haus drin!«, sagt ein Kind und meint damit wahrscheinlich eine Spiegelung. Bei den großen Blasen lassen sich sehr gut zwei Spiegelbilder beobachten: Eine davon steht aufrecht, die andere auf dem Kopf. Man sieht zweimal die Sonne im Brennpunkt und alle Farben des Regenbogens.

Ein Klebestift, ein Streifen Papier, eine Schere

Das Hübsche an Mathematik ist, dass man meist fast nichts braucht, um sich verblüffen zu lassen.

Von einem DIN-A4-Blatt wird längs ein etwa fünf Zentimeter breiter Streifen geschnitten und zu einem Ring zusammengeklebt. Wird der Ring wie in den Abbildungen im Mittelstreifen aufgeschnitten, so entstehen natürlich zwei Ringe.

Material
- *Klebestift*
- *DIN-A4-Papier*
- *Schere*

Ganz anders ist es, wenn man zwei Ringe wie in der folgenden Abbildung zusammenklebt. Wieder wird die Konstruktion entlang des Mittelstreifens aufgeschnitten. Aber zuvor wird gerätselt, was entstehen könnte. Zerfällt die Konstruktion? Gibt es zwei lange Ringe? Einen langen Ring?

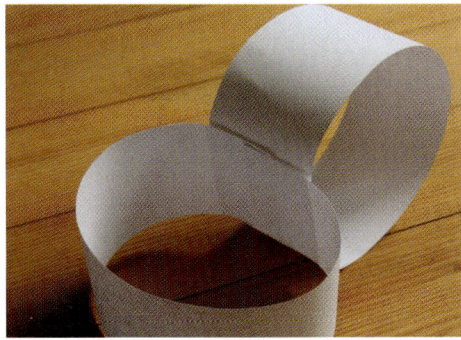 

Je länger über den Ausgang nachgedacht wird, desto mehr wird hinterher das Ergebnis gewürdigt.

Das Aufschneiden des ersten Rings ergibt ein Paar »Handschellen«.

Schneidet man diese wieder auf, ergibt sich ein Quadrat.

Ich habe diese Übung zum ersten Mal bei einem Vortrag von Albrecht Beutelspacher gesehen. Der folgenden Übung bin ich zum ersten Mal mit 15 Jahren bei einem Freund begegnet. Ich wusste damals noch nicht, dass es sich um das sogenannte Möbiusband handelt. Es ist so einfach herzustellen – umso seltsamer sind seine Eigenschaften.

Wieder wird ein Papierstreifen geschnitten und zusammengeklebt, allerdings wird ein Ende vor dem Zusammenkleben um 180 Grad gedreht.

Als Ergebnis erhält man das Möbiusband.

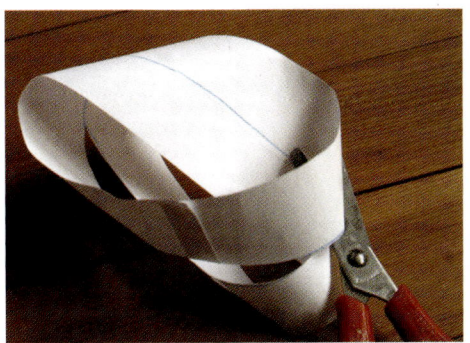

Wieder lautet die Frage: Was passiert, wenn man das Band dem Mittelstreifen entlang aufschneidet? Zerfällt es wie der Ring in zwei Teile? Oder entsteht ein langes Band? Um eine Vorstellung zu erhalten, kann erst einmal mit einem Stift der Mittelstreifen eingezeichnet werden.

Man kann tatsächlich beide Seiten mit dem Mittelstreifen versehen, ohne den Stift abzusetzen. Während der Ring eine innere und eine äußere Seite besitzt, gibt es hier also kein »Innen« oder »Außen«.

Was passiert nun, wenn man hier aufschneidet? Ich war damals sehr überrascht. Es zerfällt nicht. Man erhält ein Band, das einmal in sich selbst verdreht ist.

Das neue Band ist dem *Möbiusband* recht ähnlich: Die Verdrehung um 180 Grad hat sich zu einer Verdrehung um 360 Grad erweitert. Was passiert nun, wenn man dieses neue Band wieder am Mittelstreifen entlang durchschneidet?

Das Band ist nun zu zwei Bändern geworden, die sich nicht mehr trennen lassen.

Symmetrie

Material
- *Schere*
- *Papier*

Vielleicht ist die erste mathematische Empfindung das Spüren von Symmetrie. Sicher ist, dass das Spiel mit den Eigenschaften von symmetrischen Strukturen Mathematik ist: »Wenn ich das jetzt hier ausschneide, dann ergibt das beim Auffalten ein Loch. Nein, es sind zwei Löcher geworden und sie sind gleich.« Das Kind entdeckt die Symmetrieachse und die Faszination der Exaktheit. Je genauer gefaltet wird, desto schöner sind die Ergebnisse.

Die Übung ist bekannt: Ein Blatt Papier wird mehrmals gefaltet, dann werden Kreise, Dreiecke und andere Formen ausgeschnitten.

Kann man jetzt schon sagen, wie das Blatt aufgefaltet aussehen wird?

Man kann einen Moment innehalten, um sich das Resultat vor dem Aufklappen zu überlegen. Aber man kann es auch einfach so genießen.

Tinten- und Farbkleckse

Material
- *Fingerfarbe, hilfsweise auch Wasserfarbe*
- *möglichst festes Papier*

Auch jetzt wird Papier »in der Mitte« gefaltet. Allerdings nur einmal. Die Faltung ist eine Symmetrieachse. Das Experiment ist einfach: Auf einer Seite wird Fingerfarbe aufgetragen und anschließend das Papier fest zusammengeklappt. Als Ergebnis erhält man wunderbare Farbverläufe.

Die Übung passt auch gut zum Farbkreis auf S. 57. So ergeben sich sehr schöne Bilder, wenn man beispielsweise Rot und Blau kombiniert.

Etwas festeres Papier (Fotokarton) eignet sich besser, da es nicht so schnell aufweicht. Statt mit Fingerfarbe kann auch mit Wasserfarbe experimentiert werden. Im schlimmsten Fall weicht das Papier auf. Aber schließlich handelt es sich ja um ein Experiment.

Das Spiegelbild

Wenn wir uns im Badezimmerspiegel betrachten, dann ist das Bild nicht *auf* der Spiegeloberfläche, sondern *dahinter*.

Material
- *ein (senkrecht) aufstellbarer Spiegel*
- *zwei Töpfe*
- *Kanne*
- *Schale, Wasserglas*

Zuerst werden beide Töpfe so ausgerichtet, dass sie genau symmetrisch zum Spiegel angeordnet sind. Das Spiegelbild des vorderen (hier hellblauen) Topfes befindet sich also genau an der Stelle des hinteren (schwarzen) Topfes.

Während des Eingießens orientiert man sich am Spiegelbild des hellblauen Topfes. Es ist ein merkwürdiges Gefühl, ins Spiegelbild Wasser zu schütten.

Das Spiel kann mit einer »Zielscheibe« erweitert werden: In den hinteren Topf wird eine Schale gestellt und in diese ein Glas. Je zielsicherer man ist, desto kleiner kann das Glas sein.

Spiegelungen im Raum

Material
- *Kreppband*

Mit einem Kreppband wird der Raum symmetrisch geteilt. Wir versuchen, den Raum spiegelbildlich einzurichten. Steht auf der linken Seite ein Stuhl, dann auch auf der rechten Seite. Gibt es einen Gegenstand nur ein einziges Mal, dann wird er auf die Spiegelachse – das Kreppband – gestellt.

Es ist einfacher, Dinge im Raum symmetrisch anzuordnen, als sich selbst. Spannender ist allerdings die Symmetrie zwischen Menschen. In einer zweiten Übung sollen sich die Kinder selbst spiegelbildlich anordnen. Zuerst soll die Hälfte der Gruppe auf eine Seite des Raumes gehen und dort zu Stein werden. Die anderen nehmen anschließend die Position des Spiegelbildes ein. Bei einer ungeraden Anzahl von Mitspielern muss sich ein Kind direkt auf die Spiegelachse stellen.

Man kann noch einen Schritt weitergehen. Funktioniert die Übung statisch bzw. im versteinerten Zustand, so können sich die Kinder jetzt ganz langsam bewegen. Geht ein Kind in Richtung Kreppband, dann geht sein Gegenüber auch in Richtung Kreppband. Man kann vorher abmachen, wer das Original und wer das Spiegelbild ist. Schöner ist es allerdings, wenn ohne Absprache die Rollen ständig getauscht werden. Man bewegt sich dann gemeinsam. Je langsamer die Übung, desto besser. Es geht nicht darum, den anderen auszutricksen, sondern eine gemeinsame Bewegung zu erzeugen. Mit der Bewegung fängt man am besten langsam an, indem die versteinerten Körperteile Schritt für Schritt zum Leben erweckt werden. Zuerst nur ein Finger, dann eine Hand, dann das Gesicht, dann der Kopf …

Symmetrie in der Natur

Die Kinder sollen symmetrische Objekte in der Natur suchen und mitbringen. Vielleicht glaubt man im ersten Moment, dass es nicht allzu viele Beispiele gibt. Dabei ist Symmetrie in der Natur der Normalfall, es ist fast schon schwierig, etwas Unsymmetrisches zu finden.

Auch Tiere richten sich nach der Symmetrie. Am augenfälligsten sind vielleicht Schmetterlinge, Spinnen, Ameisen und Käfer.

Betrachten wir einen Farn oder einen Nadelbaum, können wir feststellen, dass sich die Symmetrie im Großen wiederholt. So ist jede Nadel für sich symmetrisch, aber auch der einzelne Zweig ist es, der Ast, der gesamte Baum.

Die Struktur des Kleinen wiederholt sich im Großen. Diese Eigenschaft wird mit »selbstähnlich« oder »fraktal« bezeichnet.

In vielen Dingen ist die Natur das Vorbild für menschliche Konstruktionen. So wundert es nicht, dass die menschlichen Schöpfungen fast immer von einer symmetrischen Basis ausgehen. Man denke an Brücken, Autos, Flugzeuge, Schiffe, Luftschiffe, Häuser. Auch in der Kunst spielt die Symmetrie eine große Rolle (und damit natürlich auch das bewusste Brechen von Symmetrie).

Wenn es regnet und die Kinder im Kindergarten symmetrische Gegenstände suchen, haben sie bald die gesamte Ausstattung auf dem Boden liegen.

Symmetrische Massage

Wie fast alle Tiere ist auch der Mensch auf den ersten Blick symmetrisch. Und diese Symmetrie lässt sich fühlen. Mich hat erstaunt, wie zärtlich die Kinder miteinander umgingen.

Vier Hände massieren eine Person spiegelbildlich. Ziel ist es, dass die Bewegungen so gleichmäßig werden, als ob nur *eine* Person mit vier Händen massierte. Dabei sollen auch die eingenommenen Sitzhaltungen exakt symmetrisch sein. Im Idealfall atmen die Masseure auch synchron und bilden so eine völlige Einheit.

Schattentheater und Projektionen

Ein Spiel mit dem Sonnenlicht. Wozu gehört der Schatten?

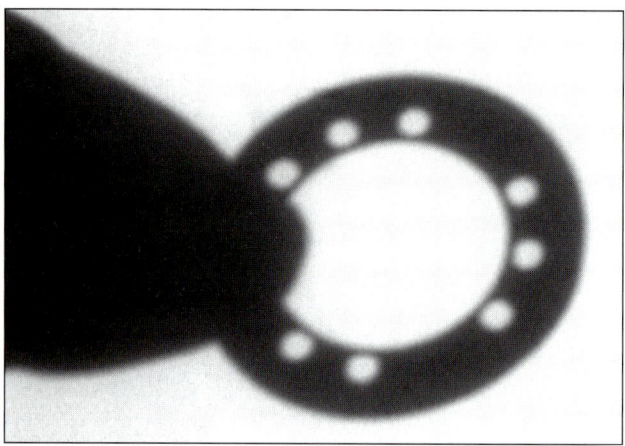

Hier dasselbe Objekt von einer anderen Seite:

Um die Schatten zu erzeugen, werden Gegenstände einfach ins Sonnenlicht gehalten. Dabei dürfen die Kinder natürlich nicht auf den Gegenstand, sondern nur auf den Schatten sehen.

Schön ist es auch, einen Raum ganz abzudunkeln und nur eine Kerze als Lichtquelle zu verwenden und den Schatten eines Gegenstandes auf ein Tuch zu projizieren. Steht ein Tageslichtprojektor zur Verfügung, muss nicht völlig abgedunkelt werden.

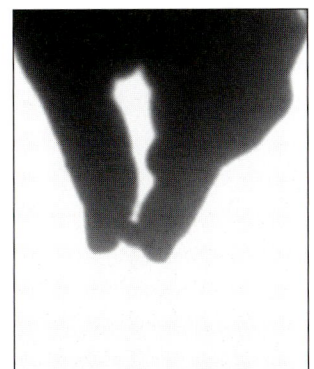

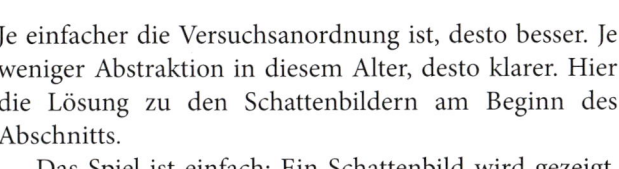

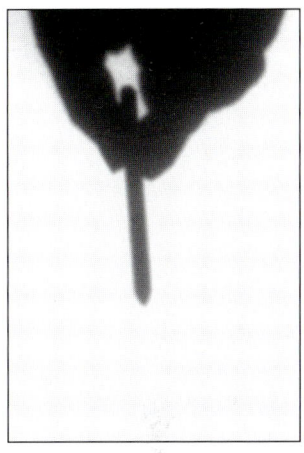

Je einfacher die Versuchsanordnung ist, desto besser. Je weniger Abstraktion in diesem Alter, desto klarer. Hier die Lösung zu den Schattenbildern am Beginn des Abschnitts.

Das Spiel ist einfach: Ein Schattenbild wird gezeigt. Dann schließen alle Kinder die Augen, und ein anderer Schatten vom selben Gegenstand wird gezeigt. Und wenn's noch nicht klar ist, werden wieder die Augen geschlossen und es folgt ein weiterer.

Der Schatten auf der Leinwand ist nichts anderes als eine Projektion. Das räumliche Erscheinungsbild, wird auf eine Fläche zusammengepresst. Eine Dimension fehlt. Darin liegt der Reiz des Spiels. Statt Schattenbild für Schattenbild zu zeigen, kann auch Dynamik wirken: Ein Bleistift kann als Punkt wirken und dann langsam wachsen.

Es empfiehlt sich, mit Gegenständen zu beginnen und dann Personen zu raten. Fürs Personenraten benötigt man ein Schattentheater, also eine Leinwand (weißes Bettlaken) und eine möglichst punktförmige Lichtquelle (Kerze, Tageslichtprojektor). Morgens steht die Sonne noch tief und kann so als Lichtquelle dienen. Es reicht dann ein gespanntes Bettlaken, von Bäumen oder Betreuern gehalten.

Alle Kinder setzen sich (mit Abstand voneinander) vor die Leinwand und heben einen Finger. Jetzt wird mit geschlossenen Augen ein Lied gesungen. Ein Erzieher berührt den Finger eines Kindes, dieses schleicht sich – im Schutz des Liedklangs – hinter die Leinwand. Jetzt darf geraten werden, um welches Kind es sich handelt. Es soll auch geraten werden, ob die Person mit dem Gesicht nach vorne oder nach hinten steht.

Alternativ kann man die Gruppe auch teilen. Dann steht jeweils ein Kind hinter der Leinwand auf.

Eine ähnliche Übung kommt ganz ohne Leinwand aus: Ein Kind steht ganz still, und ein anderes zeichnet seinen Schattenriss mit Kreide auf den Boden.

Das Schattenspiel wollte hier als Mathematik begriffen werden. Aber natürlich ist es auch eine Kunstform. Und es ist eine Form des Theaters, bei der die Kinder vor dem Publikum geschützt sind und damit dem Lampenfieber weit weniger ausgesetzt sind, als wenn sie direkt vor ihren Eltern etwas aufführen.

Das Spiel beginnt mit der Betrachtung der eigenen Hände.

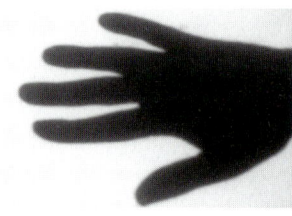

Hasen, Füchse und Seemöwen können mit der Hand zum Leben erweckt werden. Hierzu reicht Sonnenlicht.

Mit einer Leinwand können Geschichten mit Menschen erfunden und vorgespielt werden. Man merkt recht schnell, dass man vor der Leinwand sehr genau im Profil stehen muss, sonst kann man nicht einmal die Person erkennen. Schattentheater ist künstlerisches Experimentieren: Für die Darstellung auf S. 37 rechts oben wurde ein Gitter auf den Tageslichtprojektor gelegt und so die Illusion eines Klettergerüstes oder Gefängnisses erzeugt. Halbdurchlässige Stoffe, durchsichtige und farbige Mülltüten, zerknüllte und glatte Folien aller Art können in ihrer Wirkung erforscht werden.

Größe und Schärfe werden mit dem Abstand verändert. So kann ein Kind auf der Leinwand genauso groß werden wie ein Erwachsener, indem es näher am Projektor steht.

Die Kinder können Folien einfärben. Mit minimalem Aufwand erhält man auf diese Weise eine ganz neue Raumatmosphäre. Es ist auch sehr schön, das Einfärben mit zu inszenieren: Es kann zum Beispiel ein Pinsel auftauchen, der im Hintergrund eine Sonne entstehen lässt. Oder die Farben können sich während der Vorstellung auf der Leinwand mischen.

Zum Schluss noch ein Blick hinter die Kulissen. Man beachte, wie viel Raum die Bühne in Anspruch nimmt, auch wenn diese vom Zuschauer nicht gesehen wird.

Der Kindergarten als Puppenstube

Material
- *Bauklötze*

Ein Raum im Kindergarten soll als eine Puppenstube mit Klötzen nachgebaut werden. Die Kinder können zwischen realem Raum und Modell hin- und herrennen, Dinge mit den Füßen abmessen oder schätzen.

Die Aufgabe ist schwer. Es ist schön anzusehen, wie die Kinder virtuell durch das Zimmer gehen, diskutieren, wo der Schrank, wo der Tisch und wo der Stuhl steht. Es hat mich erstaunt, wie gut Kinder das hinbekommen.

Labyrinth

Material
- *Bauklötze*
- *große Schaumstoffwürfel*
- *Seil*
- *Kreppband*
- *roter Faden*
- *Augenbinde oder Tuch*
- *Stift und Papier*

 **Literatur**

Helen Oxenbury und Michael Rosen: Wir gehen auf Bärenjagd. Sauerländer.

Das Experiment ist mit theaterpädagogischen Übungen verzahnt. Theatrale Elemente sind im Text blau hervorgehoben.

Wir fangen an mit einem Sitzkreis und dem pantomimischen Rhythmusspiel »Bärenjagd«: Rhythmisches Trommeln auf dem Boden begleitet die stets einleitenden Verse: *»Wir gehen, wir gehen, wir gehen auf Bärenjagd, wir gehen, wir gehen, wir gehen auf Bärenjagd.«* Nun begleitet Pantomime die imaginierten Ereignisse: *»Huch, was sehen wir da? Einen großen Wald/ein großes Feuer/einen großen Fluss. Wir können nicht obendrüber, wir können nicht untendrunter her, wir müssen mittendurch! Und knicksknacks/pustpust/schwimmen! Puuuh, geschafft! Aber wir haben keine Angst!«* Dann: *»Huch, was sehen wir da? Eine große Höhle. Wir gehen in die Höhle hinein, es ist ganz dunkel. Wir tasten uns voran und fühlen etwas Großes mit Fell, zwei Ohren, einer Schnauze – huch – der Bär!«* Nun wieder rhythmisches Trommeln, schneller: *»Wir laufen aus der Höhle hinaus – durch den Fluss hindurch – schwimmen, schwimmen – durch das Feuer – pustpust, pustpust – durch den Wald – knicksknacks, knicksknacks – da, unser Haus. Tür auf – quietsch – hinein – trommeltrommel – Tür zu – quietsch. Puuh, geschafft. Aber wir haben keine Angst!«*

Dieses Spiel hat den Vorteil, schnell ein Gruppengefühl herzustellen und die Kinder ans Spielen heranzuführen.

Genug gesessen. Es folgt ein Raumgang, bei dem wir verschiedene Gangarten üben, die im Nachhinein der »Bärenjagd« zugeordnet werden: ängstlich schleichen, sich beeilen, rennen. Ab und zu baue ich per Klatschen ein »Einfrieren« ein als Vorbereitung auf das spätere Nachspielen der Ariadne-Geschichte.

Nun begeben wir uns auf den Fußboden. Das heißt: Die halbe Gruppe liegt und bildet mit ihren zufällig platzierten Körpern ein Labyrinth, durch das sich die anderen Kinder Wege suchen müssen. Ein Hüpfen über die Körper ist verboten. Gruppenwechsel. Hier wird das Labyrinth-Prinzip körperlich-sinnlich erfahren. In dieser sinnlichen Stimmung machen wir es uns bequem, und ich erzähle frei die Sage von Ariadne.

Ariadne war die Tochter von Minos, dem König der griechischen Insel Kreta. Minos hatte die Götter erzürnt, und sie schickten ihm zur Strafe den Minotaurus, ein Untier, das halb Mensch, halb Stier war. Damit er keinen Schaden anrichten konnte, sperrte Minos ihn in ein Labyrinth ein und schickte jedes Jahr sieben junge Frauen und Männer als Opfer hinein. Ein junger Mann namens Theseus meldete sich freiwillig. Er wollte das Ungeheuer töten. Ariadne verliebte sich in ihn, und sie schenkte ihm ein magisches Schwert und ein Wollknäuel. Er schaffte es, den Minotaurus zu töten. Mithilfe des Wollfadens, den er am Anfang des Labyrinths befestigt hatte, fand er den Weg wieder hinaus und heiratete Ariadne.

Die Kinder lauschen atemlos.

Im nächsten Schritt spielen wir die Geschichte nach. Mit Schaumstoffwürfeln bauen die Kinder zunächst ein kleines Labyrinth. Der Minotaurus-Darsteller versteckt sich in der Mitte. Theseus, Ariadne und der König sind auch schnell gefunden, und ich erkläre den Kindern das Prinzip, nämlich, dass ich die Geschichte noch einmal Satz für Satz erzähle und die Darsteller dann jeweils das Erzählte zeigen und einfrieren. Die anderen dürfen zuschauen. Der Begriff »Theater« fällt. Eine reale rote Schnur wird als Faden eingesetzt und veranschaulicht sehr schön den Weg durch das Labyrinth. Obwohl die Darsteller zum Teil etwas schüchtern agieren, sind die Reaktionen begeistert.

Vorbereitung

Mithilfe einer möglichst dicken Schnur wird ein Labyrinth gelegt, die Schnur wird mit Kreppband fixiert. Wichtig: Die Schnur und nicht der Raum dazwischen ist der Laufweg. Je größer der Raum, desto besser. Das Labyrinth kann auch durch mehrere Räume, durch eine Wiese, gegebenenfalls durch ein ganzes Haus gehen.

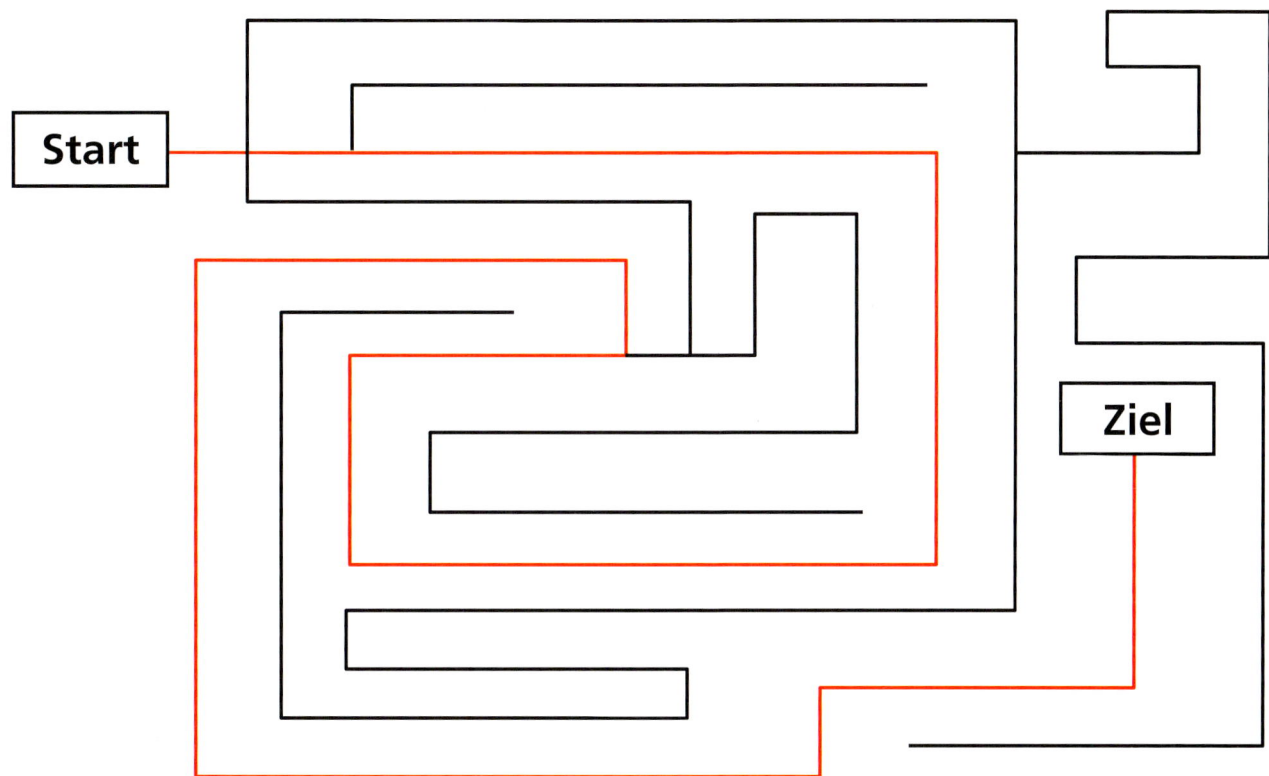

Ein Tipp, um sich bei der Vorbereitung nicht selbst zu verirren: Man lege zuerst den »richtigen« Weg und von dort aus falsche Abzweigungen und Sackgassen.

Beim Begehen des Labyrinths gilt: Im Raum ist alles heiß – über ein Flammenmeer sind Schnüre gespannt. Nur diese dürfen berührt werden. Ein falscher Tritt – und man verbrennt und wird wieder zum Start zurückgetragen.

Das Ziel ist ein Schatz (z. B. Gummibärchen), der an einem feuersicheren Ort ruht. Wer angekommen ist, darf ein Gummibärchen essen und sucht den Weg wieder zurück.

Vor allem zu Beginn ist die Einhaltung der Feuer-Regel streng einzuhalten. Begangen wird das Labyrinth »Fuß an Fuß«, in kleinen Schritten. Ansonsten besteht die Gefahr, dass die Seilwege verlassen werden und dadurch Spannung verloren geht.

Wenn mehrere Kinder im Labyrinth unterwegs sind, kommt es zu Begegnungen: Man muss aneinander vorbei, ohne dass jemand ins Feuer stürzt. Damit steckt in dem Spiel auch eine Übung für Motorik und Gleichgewichtssinn.

Blindes Begehen

Was von Erwachsenen als spannend erlebt wird, stößt bei Kindern oft auf Ablehnung. Ein Kind sollte daher nicht gezwungen werden, eine Augenbinde zu tragen.
Zu Beginn der Übung sollen alle die Augen schließen und in Gedanken den Weg zum Labyrinth ablaufen. »Könnt ihr euch vorstellen, blind den Weg zum Schatz zu finden?« Freiwillige gehen vor, allerdings auf allen vieren, um größere Unfälle zu vermeiden. Wer sehend bleiben möchte, darf einen Blinden führen.

Zeichnen einer Karte

Mit Stiften und Papier soll eine Karte der Laufwege gezeichnet werden. Wer eine Karte zeichnet, darf sich (in einem feuerfesten Anzug) überall im Raum bewegen.

Das Aufzeichnen der Schatzkarte ist eine Übung in Abstraktion: Das Kind wechselt beim Zeichnen von der Frosch- zur Vogelperspektive. Es nimmt also eine Perspektive ein, die es selbst einnimmt. Anders formuliert: Aus lokalen Eigenschaften wird eine globale Sichtweise gewonnen. Mitteilen möchte ich diesen Hintergrund der Übung dem Leser, den Kindern allerdings würde ich an dieser Stelle nichts von Mathematik oder abstraktem Denken erzählen. Ziel ist nicht das Beschulen,

sondern das Erleben, das Kennenlernen und die Freude an der Wissenschaft.

Wie weit diese Abstraktion getrieben wird, sollten die Kinder selbst entscheiden. Ein Zwingen (oder auch ein Vormachen, wie es am besten geht) wäre falsch. Manche Kinder versinken in dieser Aufgabe, andere beginnen erst gar nicht mit dem Zeichnen. Als Ergebnis wird meist nur der »richtige« Weg gezeichnet, nicht die Abzweigungen.

Wenn die Kinder das Labyrinth gezeichnet haben, wird es mit der Karte nochmals abgeschritten.

Zum Schluss können Labyrinthe mit dem Stift nachgefahren werden. Damit das Erfolgserlebnis nicht ausbleibt, sollte mit einfachen Labyrinthen begonnen werden. Eine Steigerung im Schwierigkeitsgrad wollen die meisten Kinder von selbst.

✍ Literatur

Juliet und Charles Snape: Wer findet den Weg?
12 verrückte Labyrinthe. Thienemann.
(Abenteuer für Piraten, Zauberer, Schatzsucher: Labyrinthe, die sich mit dem Finger nachfahren lassen – für Kinder ab 4 Jahren)

Im Internet finden sich zahlreiche Labyrinthe zum Herunterladen und Ausdrucken, z. B. www.kinder-malvorlagen.com/zum-ausmalen/vorlagen-raetsel-labyrinth.php oder www.gratismalvorlagen.com/spiele/labyrinthe.php.

Spurensuche – Chaos und das Doppelpendel

Ein Trichter wird mit einer Schur an einem Haken an der Decke befestigt. Auf die Spitze des Trichters wird noch eine weitere, feinere Spitze aus Papier aufgeklebt, sodass ein gleichmäßig dünner Sandstrahl fließen kann. Jetzt wird feiner, weißer Sand eingefüllt (Vogelsand eignet sich hervorragend). Es entstehen Linien, Kreise oder Ellipsen, je nachdem wie man den Trichter anstößt.

Material
- *Trichter*
- *Schnur*
- *Gewicht (z. B. Kneteklumpen)*
- *Klebeband*
- *Papier*
- *feiner Vogelsand*

Auch wenn der ganze Sand schließlich im Zimmer verteilt ist: Chaotisch – im mathematischen Sinne – ist das noch nicht. Dafür muss man ein sogenanntes Doppelpendel bauen, indem man über dem Trichter ein Gewicht anbringt und so zwei aneinanderhängende Pendel schafft: Während auf dem rechten Bild die Bewegung prinzipiell vorauszusehen ist, ist links die Bewegung chaotisch. Das bedeutet, dass man die Bewegung über eine längere Zeit nicht voraussagen kann. Wie beim Wetterbericht lässt sich nur über die unmittelbare Zukunft etwas sagen, die etwas entfernte Zukunft liegt im Dunkeln.

Aber auch ohne diesen theoretischen Überbau ist es wunderbar, den entstehenden Mustern auf dem Boden zu folgen. Fast meditativ.

Bauten oder Menschen kopieren

Material
• *Bauklötze*

Es werden zwei Räume benötigt. Die eine Hälfte der Gruppe soll in ihrem Zimmer aus Klötzen ein Bauwerk errichten, die andere entsprechend im anderen. Wenn man möchte, können die Bausteine abgezählt werden, und jede Gruppe erhält die gleiche Menge.

Aufgabe ist es, jeweils das Bauwerk der anderen Gruppe nachzubauen. Die Teilnehmer können, sooft sie mögen, beim Original nachschauen. Am Ende der Übung gibt es dann zwei Originale und zwei Kopien.

Wenn eine Stellwand vorhanden ist, genügt auch ein Zimmer. Das hat zudem den Vorteil, dass man hinterher den Sichtschutz entfernen kann und die Objekte besser miteinander vergleichen kann. Nachteile: Der Weg zum Nachschauen ist dann viel kürzer, und es wird weniger diskutiert.

Wie immer ist es gut, mit Objekten zu beginnen. Aber natürlich lassen sich auch Menschen nachbauen. Ein Kind nimmt eine bestimmte Haltung ein, die von einem anderen, in einem anderen Raum, nachgebaut werden soll. Hier werden also mehrere Mitspieler benötigt: ein Original, das eine bestimmte Haltung einnimmt, eine noch zu formende Kopie und dann mindestens eine Person, die die Kopie gestaltet. Schöner ist es, wenn zwei oder drei Personen das Abbild gemeinsam gestalten. Die Kopie schließt die Augen und stellt sich vor, aus einer Art Knetmasse zu sein und sich formen zu lassen. Beim Modellieren gibt es kein grobes Zerren und Ziehen. Man achte auf einen liebevollen Umgang.

Vergrößerung mit einem Gummiband

Material
• *zwei Gummibänder*
• *Zeichenblock DIN A3*
• *Tacker*
• *Stift*

Eine einfache Zeichnung soll vergrößert werden. Hierzu werden zwei handelsübliche Gummibänder zusammengeknotet und links oben an einem Zeichenblock (DIN A3) zum Beispiel mit einem Tacker befestigt.

Dann wird ein Viertelkreis mit *minimaler Gummispannung* gezogen und wie in der Abbildung eine DIN-A5-Fläche markiert. In dem in der Skizze gelben Bereich soll ein einfaches, kleines Bild gezeichnet werden.

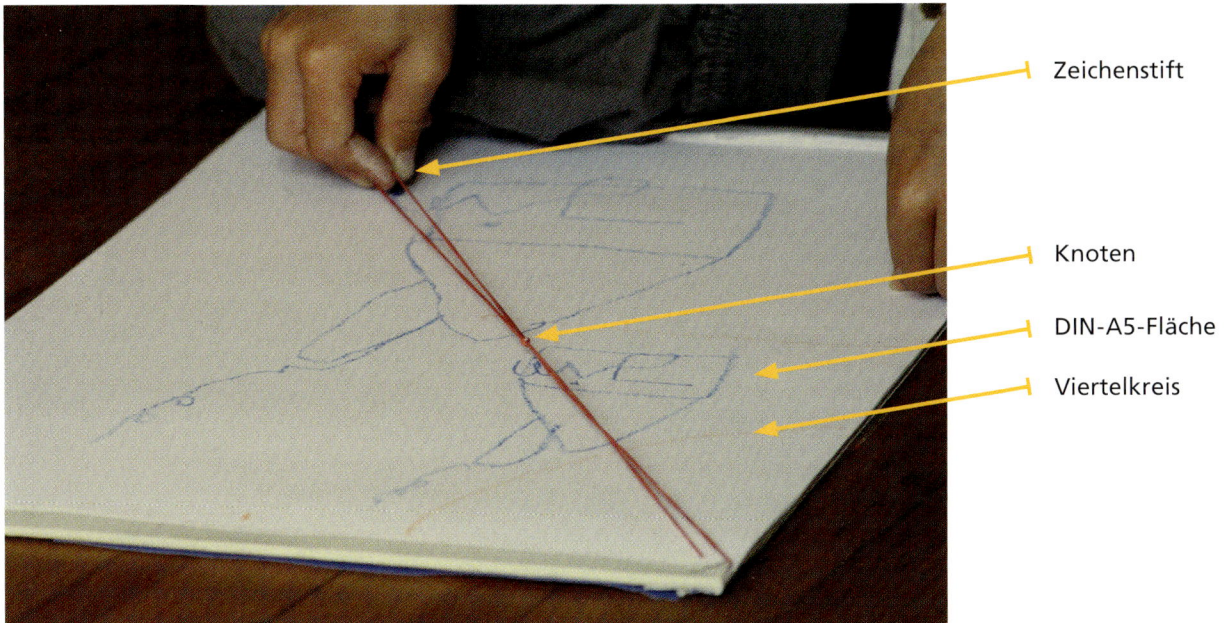

Zeichenstift

Knoten

DIN-A5-Fläche

Viertelkreis

Das Vergrößern ist einfach: Durch das Ende des Gummis wird ein Stift gesteckt. Der Stift wird so geführt, dass der Knoten die kleine Figur abfährt. Dabei entsteht das vergrößerte Abbild.

Man kann statt des Knotens auch einen anderen Punkt auf dem Gummiband markieren. Dadurch lässt sich der Vergrößerungsfaktor verändern.

Geheime Botschaften

Material
- *Zitronensaft*
- *Kerze, Bügeleisen oder Backofen als Wärmequelle*
- *Pinsel*
- *Papier*

Mit Zitronensaft wird ein Bild auf ein Blatt Papier gemalt. Sobald der Zitronensaft getrocknet ist, ist das Bild unsichtbar. Um es sichtbar zu machen, muss man es über einer Kerzenflamme vorsichtig erhitzen. Der Flammpunkt von Papier liegt bei etwa 185 Grad. Ab dann brennt Papier. Und die geheime Botschaft natürlich auch. Weniger geheimnisvoll, aber sicherer: Man legt das Papier in den Ofen oder bügelt es.

Physik: Die Frage zählt, nicht das Ergebnis

Bei allen Experimenten in diesem Kapitel geht es *nicht* um das Ergebnis. Wesentlich ist die Frage – das Experiment gibt vielleicht eine Antwort, vielleicht auch nicht. Zielgerichtetes Experimentieren, in dem Kinder nicht die Richtung vorgeben oder wenigstens mitbestimmen können, ist keine Wissenschaft mehr, sondern lediglich ein Beschulen.

Ein Beispiel: Reibt man kleine Luftballone am Pullover, so können diese aufgrund der Aufladung an vielen Stellen frei aufgehängt werden. Dass es sich hierbei um Elektrizität handelt, ist – radikal formuliert – komplett unwichtig. Es geht nicht darum, Elektrizität zu erklären, sondern um das Erleben des Phänomens. Noch gewagter formuliert: Wer weiß denn, ob die momentanen Erklärungen die einzig möglichen sind? Vielleicht finden die Kinder etwas ganz Neues.

So glaubte man am Ende des 19. Jahrhunderts, dass die Physik weitgehend erschlossen sei, und kurz darauf erschütterten Quantenmechanik und Relativitätstheorie diese solide Disziplin. Woher sollen wir also heute wissen, ob und wo das Phänomen, das Naturwissenschaftler als Reibungselektrizität beschreiben, im späteren Denken eines Kindes seine Verwendung findet?

Wahrnehmung

Alle Wissenschaft beginnt mit Wahrnehmung. Ohne Wahrnehmung keine Fragen oder Entdeckungen.

Fünf Dinge im Raum

»Ich werde fünf Dinge im Raum verändern.« Vorher haben die Kinder Zeit, sich den ganzen Raum einzuprägen (natürlich, ohne dabei etwas im Raum zu verändern). Eine Hilfe kann das emotionale oder bewertende Wahrnehmen sein: Was stört mich, was gefällt mir? Ebenso hilft es, die Perspektive zu verändern: Wie sieht der Raum aus der Ecke aus, wie im Liegen, wie ändert sich die Perspektive, wenn ich auf dem Tisch stehe? Während der gesamten Übung soll nicht gesprochen werden. Jeder macht die Übung für sich. Wenn ein Kind genug gesehen hat, setzt es sich.

Wenn alle Kinder genug gesehen haben, verlassen sie das Zimmer, und Sie als Spielleiter verändern fünf Dinge. Wählen Sie Veränderungen von möglichst unterschiedlichem Schwierigkeitsgrad. Das Ein- bzw. Ausschalten der Beleuchtung wird meist übersehen, ein verrückter Tisch oder Stuhl ist einfacher.

Die Auflösung geschieht wiederum nicht durch Reden. Glaubt einer, eine Veränderung zu wissen, so *macht* er sie rückgängig. Durch Klatschen bestätigen das die anderen Kinder.

Die Übung kann beliebig schwierig gestaltet werden. Im Kindergarten sind sicherlich große Veränderungen zu Beginn besser; wenn man die Übung häufig macht, wird auch eine leichte Drehung eines Stiftes bemerkt.

Menschliche Standbilder

Statt des Raumes werden nun menschliche Standbilder verändert: Drei Tische werden zu einer Bühne zusammengestellt. Vier Freiwillige nehmen eine Position ein, die sie etwa zehn Minuten halten können. Wer schon einmal versucht hat, vollkommen regungslos zu verharren, weiß, wie hart das sein kann.

Wie in der ersten Übung betrachten die Kinder schweigend das Standbild so genau wie möglich: Wo schaut welche Person hin, wie sind die einzelnen Haltungen, wie die Abstände zwischen den Personen?

Bis auf zwei Punkte verläuft die Übung analog zur ersten: Die Beobachter dürfen dem Denkmal nicht näher als eine Armlänge kommen. Berührung ist daher ausgeschlossen! Die Auflösung geschieht durch Antippen. Besteht beispielsweise die Veränderung darin, dass die Handhaltung verändert wurde, wird auf die Hand getippt. Stimmt die Stelle, dann verwandelt sich die Haltung zurück.

Das Gesetz der Serie durchbrechen

Diese Übung ist die einfachste der vorgestellten, wird aber häufig als unmachbar angesehen.

Der Spielleiter teilt Gegenstände aus, die dem Anschein nach alle gleich sind. Industriell gefertigte Gegenstände wie Streichholzschachteln aus der Zehnerpackung sind günstig, aber auch Centstücke, Zigaretten und Bleistifte eignen sich gut. Orangen sind sehr einfach, Äpfel werden ab 30 Teilnehmern spannend, jedoch sollten 100 kein Problem darstellen. Es ist also auch eine tolle Sache für einen Elternabend.

Jeder nimmt einen Gegenstand an sich, betrachtet ihn einige Minuten und legt diesen wieder zurück. Es dürfen keine Veränderungen oder Markierungen vorgenommen werden. Bei den Streichholzschachteln dürfen also beispielsweise keine Hölzchen umgedreht oder die Schachteln angeritzt werden. Danach werden die Objekte wieder ausgelegt, je nach Teilnehmerzahl entsprechend weiträumig. Ziel ist, dass jeder Teilnehmer sein Objekt wiederfindet. Die Übung ist dann zu Ende, wenn jeder davon überzeugt ist, dass er sein Objekt wieder in Händen hält.

Fünf Sinne – Pforten der Wahrnehmung

Unser Körper besitzt fünf Pforten, mit denen wir unsere Umgebung wahrnehmen können: Sehen, Hören, Tasten, Schmecken und Riechen. Aus den Informationen, die durch diese Pforten gelangen, machen wir uns ein Bild, ein Weltbild. Dieses Bild ist allerdings nur ein Abbild. Es ist verblüffend, wie sehr uns unsere Sinne in die Irre führen können. Sinnestäuschungen versetzen auch Erwachsene in Staunen. Kindergartenkinder müssen erst erlernen, was »normal« ist, um eine Sinnestäuschung zu verstehen. Mit den folgenden Experimenten sollen die Sinne geschärft und nicht getäuscht werden.

Tastsinn

Ein Freiwilliger wird gesucht. Mit zwei Streichhölzern wird der Freiwillige dann gleichzeitig leicht gepikt. Ab einem bestimmten Abstand kann man nicht mehr unterscheiden, ob es ein oder zwei Streichhölzer waren. Am Rücken beträgt dieser Abstand etwa drei Zentimeter, an den Fingerspitzen liegt er im Millimeterbereich.

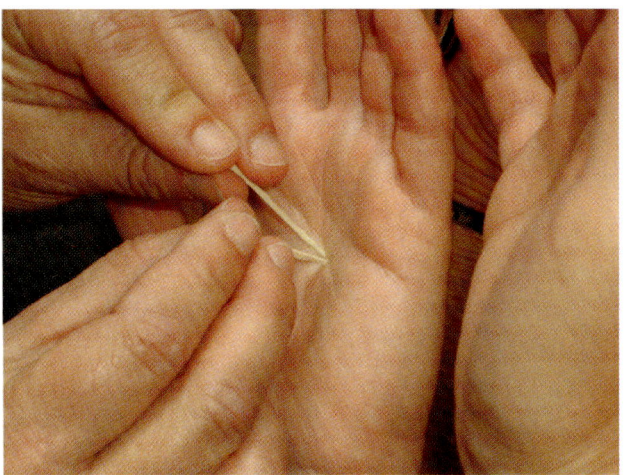

Ziel der Übung ist es, den Körper auf diese Abstandsunterschiede zu erforschen. Es wird zufällig mit einem oder zwei Hölzern gepikt, und der Freiwillige gibt an, wie viele Hölzer er gefühlt hat. Wenn alle gesehen haben, wie die Übung abläuft, gehen die Kinder paarweise zusammen. Die gesamte Übung ist sehr ruhig durchzuführen und dauert mit Partnerwechsel mindestens zwanzig Minuten.

Möchte man eine Körperlandkarte erstellen, die die minimale Auflösung der verschiedensten Körperstellen möglichst genau angibt, dauert die Übung über eine Stunde.

Geschmacks- und Geruchssinn

Im Grunde schmecken wir unser Essen nicht, wir riechen es. Unsere Zunge kann nur vier Geschmacksrichtungen unterscheiden kann, namentlich süß, sauer, bitter und salzig. Viele Autoren nennen noch eine fünfte Geschmacksrichtung: umami, japanisch für »herzhaft«. Seit einigen Jahren hat sich auch »fettig« als sechste Geschmacksrichtung etabliert.

Entscheidend aber ist: Den überwiegenden Teil des »Geschmacks« (etwa 80 Prozent) erhalten wir über den Geruchssinn. In einer einfachen Übung kann das getestet werden:

Verschiedene Nahrungsmittel werden zu einem Brei zerstampft, sodass später nicht die Form die Herkunft des Geschmacks verrät. Im Bild sieht man links geschälte Trauben und rechts Erdbeeren nach entsprechender Behandlung.

Die Kinder oder Teilnehmer schließen die Augen, halten sich die Nase zu und werden beispielsweise vom Spielleiter gefüttert.

Erst wenn das Essen hinuntergeschluckt wurde, darf die Nase wieder gelüftet werden. In diesem Augenblick »schmeckt« man das Essen.

Sehsinn

Mit einem Auge ist räumliches Sehen nicht möglich. Abstände werden völlig falsch eingeschätzt. Das linke Auge sieht ein etwas anderes Bild als das rechte: Erst die Auswertung beider Bilder ermöglicht unserem Gehirn eine Abstandsmessung. Die folgenden Experimente verdeutlichen das.

Fingertreffen
Es werden Zweiergruppen gebildet. Ein Kind hält sich ein Auge zu und versucht, von oben den nach oben zeigenden Finger seines Partners zu treffen.

Einäugig aufräumen
Das Zimmer wird von allen *einäugig* aufgeräumt. Wenn möglich, sollte für diese Übung der Ort gewechselt werden. Wenn man das Zimmer in- und auswendig kennt, kann man auf Erfahrungswerte zurückgreifen. Auch ein einäugiger Spaziergang ist interessant. Das ist aber nicht ungefährlich. Man glaubt ja immer, auch einäugig Dinge richtig einschätzen zu können.

Nur Bewegtes wird gesehen
Für dieses Experiment werden drei Personen benötigt. Ein Freiwilliger schaut auf einen festen Punkt im Raum. Zwei Partner gehen seitlich immer weiter zurück, so weit, dass sie gerade nicht mehr wahrgenommen werden können. Bewegen jetzt die Partner die Hände, nimmt das unser Freiwilliger deutlich wahr.

Das Nachbild

Der Raum wird verdunkelt. Alle Kinder fixieren wie ein Buddha einen fiktiven Punkt im Raum, der Spielleiter entzündet ein Streichholz und »zeichnet« damit einfache Linien in sicherem Abstand vor den Augen der Buddhas. Danach werden die Augen geschlossen und es erscheint ein wundersames Nachbild. Eine vom Auge wegführende Spirale ist faszinierend. Aber auch die bloße Streichholzexplosion hinterlässt ein beeindruckendes Nachbild.

Farben

Eine Geschichte, frei nach dem Kinderbuch Frederick von Leo Lionni erzählt: Es ist Herbst. Wir sind Mäuse, sitzen im Kreis, schließen die Augen und stellen uns eine Welt ohne Farben vor. Kein blauer Himmel, keine grünen Wiesen, kein roter Klatschmohn, keine goldgelben Weizenfelder. Alles ist nur noch grau, nur grau. Ohne Farbe, wie auf einem Schwarz-Weiß-Foto. Um die farblose Jahreszeit zu überdauern, müssen die Mäuse jetzt Farben sammeln.

Die Kinder rennen los, um Farben zu sammeln. Da es in der Mausehöhle drei Eimer gibt, in denen man Farbe für den Winter aufbewahren kann, wird der Boden mit Kreppband in drei Farbbereiche eingeteilt. In den ersten kommt zur Markierung ein roter Klumpen Knete, in den zweiten ein gelber und in den letzten ein blauer.

Jetzt sollen die Farbfunde einsortiert werden, aber es gibt ja viel mehr Farben. So passt beispielsweise Grün nirgends hin!

Material
- *Kreppband*
- *farbige Knete*
- *Tinti, Lebensmittelfarbe oder Wasserfarbe*
- *für jedes Kind ein Glas*
- *eine beliebige CD*
- *Schminke*

 **Literatur**

Leo Lionni: Frederick. Beltz und Gelberg.

Woher kommen die ganzen Farben? Jedes Kind bekommt zwei haselnussgroße Kugeln Knete seiner Wahl, aber eben nur zwei. Zum Beispiel eine blaue und eine rote. Jetzt wird so lange geknetet, bis eine neue Farbe entsteht, im Beispiel Violett. Die Mischfarbe wird zwischen Rot und Blau gelegt. Auf diese Weise ist ein einfacher Farbkreis entstanden: Rot – Orange – Gelb – Grün – Blau – Violett.

Funktioniert das auch mit flüssiger Farbe? In durchsichtigen Kannen wird jeweils eine Tablette »Tinti« aufgelöst.

Tinti-Farben sind Badewasserfarben, aber natürlich kann man auch mit Wasserfarben oder Lebensmittelfarben die Grundfarben Rot, Blau und Gelb anrühren. Jedes Kind holt sich ein Glas, und wieder sitzen wir im Kreis. Die Kannen werden auf die Achsen gestellt. Die Kinder, die direkt auf dem Kreppband sitzen, bekommen die unvermischte Originalfarbe, also reines Rot, Blau oder Gelb. Sitzt ein Kind genau zwischen Blau und Gelb, so wird sein Glas in gleichen Teilen mit Blau und Gelb gefüllt. Sein rechter Nachbar sitzt näher an Gelb, also bekommt er anteilig mehr Gelb als Blau. Es entstehen die Farben des Regenbogens. Das Bild oben rechts auf der nächsten Seite zeigt das Ergebnis.

Die Mäuse sind völlig begeistert und gehen ganz langsam um ihren Farbkreis, schauen immer genau von oben in die Gläser. Es gibt keinen Anfang und kein Ende, eine Farbe fließt immer mehr in die andere.

ÖKO-TEST
sehr gut
Tinti
Der Spaß im Bad
Badewasserfarben
mit Naturfarben & Meeresmineralien
mit Holunderbeeren, Blaualgen, Blumengardenie
Haut und Wanne bleiben sauber

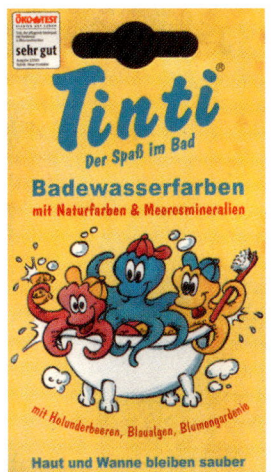

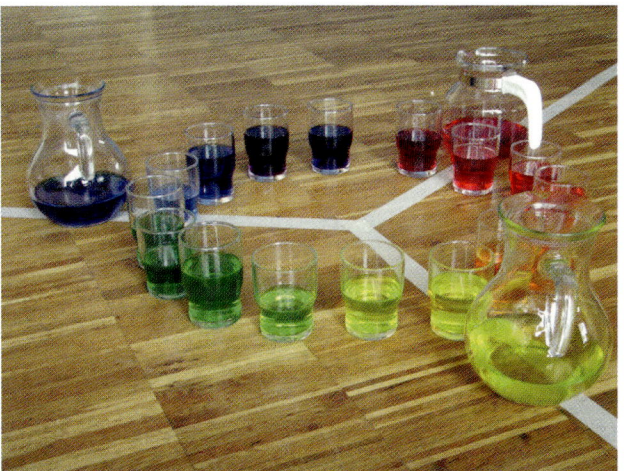

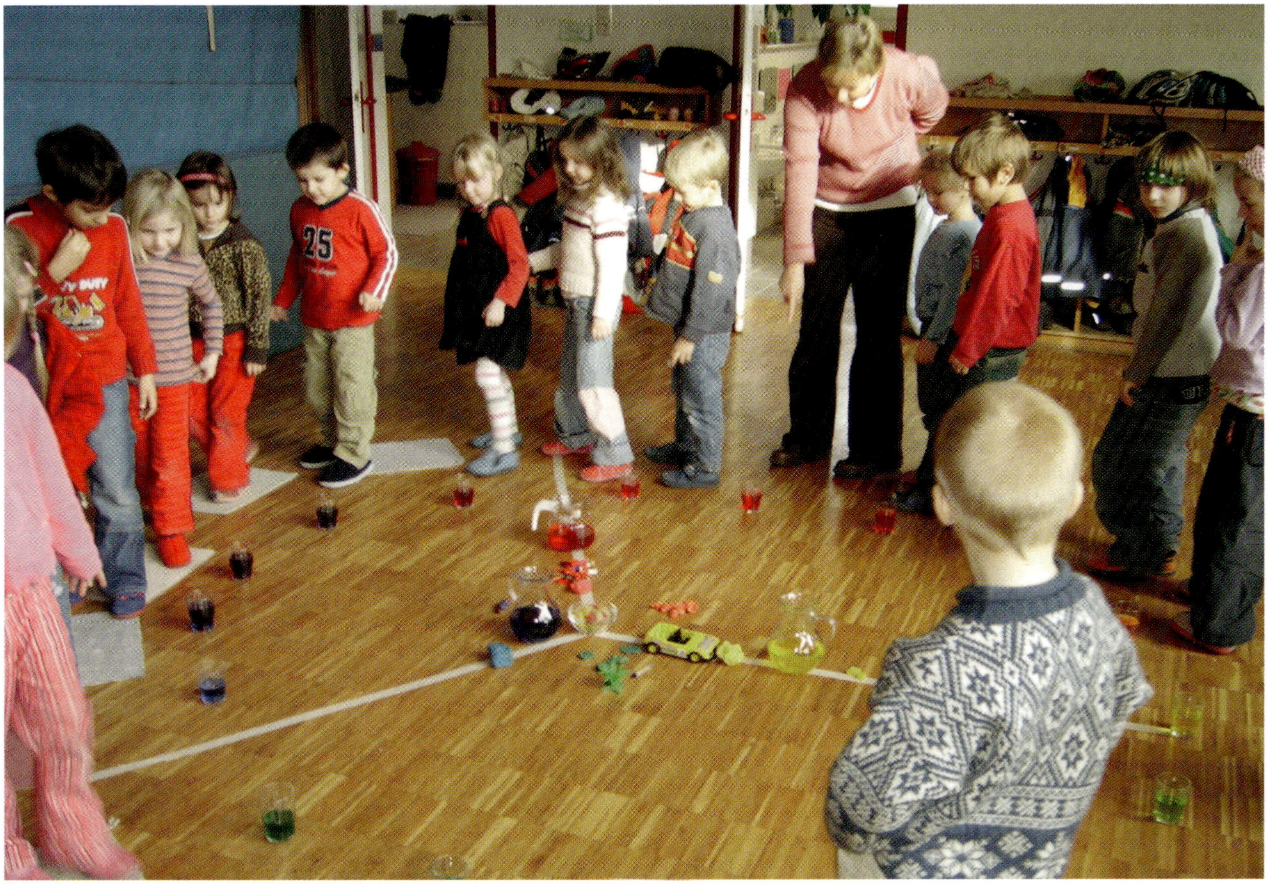

Wieder am Platz angekommen, beraten die Mäuse. Die Obermaus redet eindringlich auf alle anderen ein: »Bisher haben wir jeweils nur *zwei* Farben gemischt und alle Farben des Regenbogens entdeckt.«

An dieser Stelle kann man eine CD herumgeben. Im Licht entstehen die Farben.

Wenn die Sonne scheint, kann man auch Seifenblasen beobachten, ist es zudem warm, lässt sich der Regenbogen sogar mit einem Gartenschlauch suchen. Es ist gar nicht so viel Wasser notwendig, wie es im ersten Moment aussieht. Entscheidend ist eine Düse, die einen feinen Nebel erzeugt. Und natürlich Sonnenschein.

Die Obermaus spricht weiter: »Wie wäre es, wenn wir *alle drei* Farben statt nur zwei mischen? Dann müssten wir doch die Farbe aller Farben erschaffen? Die Farbe, die aus allen Farben besteht!« Viele Vermutungen werden über die Farbe aller Farben geäußert. »Sie wird bunt sein!«, rufen viele.

Sie holen eine neue Kanne und gießen alle Farben zusammen. Es entsteht eine grünschwarzbraune Dreckbrühe. Der gesamte Zauber ist erloschen! Schönheit entsteht eben immer auch durch Abwesenheit. Kunst ist immer auch die Kunst des Weglassens und des Verzichtens. Die Dreckbrühe wird in die Mitte gestellt.

Die Mäuse sind außer sich: »Das liegt daran, dass die Farbe flüssig ist! Wenn wir es mit der Knete versuchen, so wird es uns gelingen, die Farbe aller Farben herzustellen!«

Entsprechend wird wieder geknetet. Diesmal erhält jedes Kind drei Kugeln: eine rote, eine gelbe und eine blaue. Zuerst wird es bunt, aber nach und nach bleibt nur eine braungraue Masse übrig. Auch hier wird die Farbe zerstört.

Wenn wir schon nicht alle Farben haben können, so wollen wir doch unsere Lieblingsfarbe mit nach Hause nehmen.

Auf den Kreppbändern wird jeweils ein Töpfchen Schminkfarbe aufgestellt: ein rotes, ein blaues und ein gelbes. Und jedes Kind mischt sich seine Lieblingsfarbe und

gibt sich einen Tupfer davon auf die Hand oder die Nase. Es ist schön, wenn man etwas mitnehmen kann.

Zum Schluss haben wir die Farben wie im Regenbogen aufgestellt.

Und noch ein alternativer Ort für die Farbenlehre – zu sehen auf dem Bild links. Jedes Kind bekommt eine Grundfarbe, hier waren es Blau und Rot.

Zerlegung von Farben

Farbe (Filzstift, Tinte, Lebensmittelfarbe) kann mithilfe von Filterpapier (Kaffeefilter zerschneiden) in ihre Einzelfarben zerlegt werden. Die Farbe wird auf Filterstreifen getupft, die auf eine improvisierte Wäscheleine aufgehängt werden und etwa einen Zentimeter ins Wasser eintauchen – so, dass der Farbfleck unten sitzt, aber nicht ins Wasser eintaucht. Dann beginnen die Farben, »bergauf zu klettern«. Dabei verschmieren sie aber nicht nur, sondern es kommen andere Farben zum Vorschein. Das Schwarz ist offensichtlich ein Farbengemisch. Die unterschiedlichen Farbanteile lösen sich alle in Wasser auf, werden aber vom Filterpapier unterschiedlich stark festgehalten. Das Wasser steigt nach oben und transportiert die Farbteilchen unterschiedlich schnell bzw. weit mit – je nach Löslichkeit der unterschiedlichen Farbteilchen.

Material
- *Farbe (Filzstift, Tinte, Lebensmittelfarbe)*
- *Filterpapier*
- *Schnur*
- *Wäscheklammern*

Magnetisches und der Kompass

Material
- *Backblech*
- *Wasser*
- *Styropor*
- *Magnete*

Jedes Kind bekommt einen Magnet in die Hand. Hier eignen sich Spielzeugmagneten. Notfalls kann man auch im Baumarkt günstig Magnete besorgen.

»Was zieht der Magnet an, was zieht er nicht an?« Die Kinder sollen die Eigenschaften von Magneten selbst erleben und im Experiment erfahren. Vielleicht finden sie heraus, dass
- nicht jedes Metall angezogen wird,
- Magnete sich auch abstoßen können,
- man eine aufgebogene Büroklammer magnetisieren kann,
- Magnete sich auch unter Wasser anziehen bzw. abstoßen und
- der Magnet auch durch Papier oder dünnes Holz hindurch Anziehungskraft entfaltet.

Ein Kompass lässt sich recht einfach selber bauen: In ein Wasserbad wird ein Stabmagnet auf ein Stück Kork oder Styropor gelegt, geklebt oder gesteckt. Je größer die Oberfläche des Bades, desto besser. Im Bild wurde ein Backblech aus Aluminium verwendet. Das Schiffchen muss nicht aus Styropor sein: Anderes leichtes Material, eine schwimmende Plastikverpackung oder -flasche ermöglicht ebenso einen Kompass.

Befindet sich kein anderer Magnet in der Nähe, wird sich die »Kompassnadel« immer nach Norden ausrichten. Man achte also darauf, dass alles Magnetische – also auch Metalle, die Magneten anziehen – sich in mindestens zwei Meter Abstand befindet (deswegen auch ein Backblech aus Aluminium).

Dreht man das »Styroporschiffchen« um 180 Grad, wirkt eine unsichtbare Kraft und bringt den Magneten wieder in die Ausgangsposition.

Es ist auch spannend, den Nordpol zu irritieren, wenn man mit einem weiteren Magneten das Schiffchen von außen steuert. Während es viele Erwachsene erstaunt, wie simpel sich ein Kompass bauen lässt, der sich am schwachen Erdmagnetfeld orientiert, finden die Kinder meist die Störung des Kompasses viel interessanter: Mit einem zweiten Magneten kann man testen, wie weit die anziehende Kraft reicht. Solange das Magnetschiff frei schwimmen kann, spürt es die äußere Kraft bereits bei einem halben Meter Abstand. Mit einem äußeren Magneten lässt sich das Magnetschiff auch anschieben. Natürlich hängt die Wechselwirkung zwischen den Magneten von ihrer jeweiligen Stärke ab.

Auch zwei schwimmende »Kompassnadeln« können beobachtet werden. Statt eines rechteckigen Styroporboots können die Kinder Styroporfische bauen. Gibt es im Kindergarten einen Teich oder eine große Pfütze, können viele magnetische Styroporfische mit den Kindern gebastelt und mit einer Angel herausgefischt werden. Fast jeder hat das ja schon gespielt. Wir haben im Kindergarten nur eine Angel gebaut, und die Kinder hatten Centstücke auf Pappfische aufgeklebt. Und diese wurden dann aus einem »trockenen Teich« gefischt. Aber das ist natürlich ein anderes Experiment.

Der Traum vom Fliegen – von der Tee-Rakete zum Heißluftballon

Material
- *Teebeutel*
- *Blumendraht*
- *gelbe Säcke*
- *Spiritus*
- *Watte*

Kinder wollen Geschichten hören. Ich habe erlebt, dass selbst die wildesten Kinder von einer Erzählung eingefangen werden. Gebannt hören sie zu. Sie tauchen in eine andere Welt ein. Ich glaube, wir Erwachsene können gar nicht mehr so zuhören, wie Kinder es können.

Ganz toll wird es, wenn etwas dabei passiert. Wie wichtig sind den jungen Forschern Bilder in Kinderbüchern! Aber wenn etwas während der Erzählung passiert, wenn *wirklich* eine Rakete aufsteigt, dann …

Manche Experimente sind nicht für Kinderhände gedacht. Die folgende Geschichte, die mit zwei Experimenten verknüpft wird, ist nur als Beispiel gedacht. Am besten erzählen Sie eine ganz andere – oder lassen die Kinder mitbestimmen, wie die Geschichte weitergeht. Unabhängig davon, wie flüssig Sie Ihre Geschichte vortragen und wie die Experimente klappen – bauen Sie alles in die Geschichte ein und erzählen Sie einfach weiter. Kinder sind die besten Zuhörer.

Die Geschichte von Tim, der Klara aus den Fängen des gefährlichen Drachen befreite

Vor langer, langer Zeit fuhr Tim mit einem Boot über das weite Meer. Der Teebeutel wird zum Schiff, das auf den Wellen schaukelt. Da plötzlich tauchte im weiten Meer ein kleiner Punkt auf. Der Mann im Ausguck hatte die Augen eines Adlers und schrie: »Flasche in Sicht!« Beim Näherkommen zeigte sich, dass es keine gewöhnliche Flasche war, sondern eine Flaschenpost. Tim angelte die Flasche heraus und fand einen Brief. Das Etikett wird an der Schnur hochgezogen und abgetrennt. Der Spieler tut so, als ob er Folgendes ablese: »Lieber Unbekannter. Ich bin in großer Not. Ein Drache hat mich gefangen. Ich sitze hoch oben in einem Turm und höre, wie er wieder und wieder Feuer speit. Bitte komm und rette mich. Deine Klara.« Der Teebeutel wird wieder zum Schiff und eilt über das Wasser.

Tim befahl seinen Männern, das Äußerste an Geschwindigkeit aus dem Schiff zu holen, und nach drei Tagen und drei Nächten sahen sie vor sich die Dracheninsel. Die Mannschaft hatte Angst, doch Tim löste das Seil und befestigte das Schiff in der Nähe des Drachenturms. Der Faden wird abgelöst. Was sollte er tun? Zuerst löschte er die gesamte Ladung des Schiffes, in der Hoffnung, irgendetwas zu finden, das ihm ermöglichen würde, auf den Turm des Drachen zu kommen. Der Teebeutel wird geöffnet und entleert (die Ladung gelöscht), sodass eine Röhre entsteht. Er fand nichts. In der gesamten Ladung – nichts. Mit einem Finger wird das Häufchen Tee untersucht.

Da kam Tim der rettende Gedanke. Er befahl, das Schiff zu zerlegen, und aus den hölzernen Planken baute er einen Holzturm neben dem Drachenturm. Die Röhre wird aufgerichtet. Tim kletterte hoch, um seine Klara zu retten. Plötzlich tauchte der Drache auf und sein feuriger Atem entzündete den gesamten Bau. Mit einem Streichholz wird der Turm entzündet. Tim gelang es gerade noch, Klara aus dem Turmfenster zu befreien. Sie kletterten nach unten, die Flammen kamen immer näher und näher – und dann: Gab es das überhaupt, konnte es das überhaupt geben? – Klara und Tim wurden von dem Feuer mit nach oben gerissen. Die Tee-Rakete hebt ab. Im letzten Moment sprangen die beiden auf eine Wolke, sonst wären sie verbrannt.

Vielleicht wird jetzt der eine oder andere Zuhörer meinen: Auf eine Wolke kann man doch nicht springen, da fällt man doch durch, aber ich kann euch versichern, bei *dieser Wolke* war das nicht so, es war eine Zauberwolke, eine von der Art, die bisher nur auf der Dracheninsel gesehen worden war.

Da saßen nun unsere Helden auf der Wolke und hatten Angst, hinunterzufallen. Die Mannschaft sah die schwierige Situation der beiden und erfand ein Flugobjekt. Sie nahmen ihr Segel vom Schiff und nähten es zu einem großen Ballon zusammen. Es war viel, viel Arbeit. Ein sehr leichter Plastiksack (»Gelber Sack«) wird während der Erzählung in einen Heißluftballon verwandelt:

Gewöhnlicher Blumenbindedraht wird am Rand der Öffnung durch den Gelben Sack gefädelt. Falls dieser wie hier im Bild oben auf der nächsten Seite eine Lasche

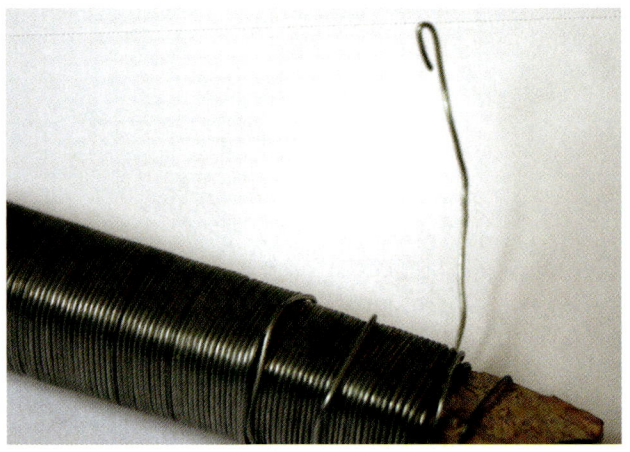

besitzt, empfiehlt es sich, zuerst den Drahtanfang umzubiegen – das Einfädeln geht dann leichter. Ziel ist, dass der so entstandene Drahtring später beim Anfeuern den Sack offen hält. Im zweiten Schritt wird ein weiterer Draht von der einen Seite des Drahtrings zur anderen befestigt. In die Mitte dieses »Durchmessers« wird ein kleines Stück Watte (oder Taschentuch) eingedreht, das mit Spiritus getränkt wurde. Bei der Zündung halten zwei Kinder den Sack an den oberen Zipfeln. Wenn dieser sich füllt, sollen sie loslassen, der Ballon steht dann mit seinem Ring auf den Handflächen des Erzählers und hebt dann sanft zur Decke ab.

Dieser Versuch darf nicht im Freien durchgeführt werden. Ein ziemlich großes Flugobjekt und offenes, unkontrolliertes Feuer am Himmel – das wäre keine gute Idee. Bitte treffen Sie vor der Durchführung des Experiments in geschlossenen Räumen die nötigen Sicherheitsvorkehrungen. Es ist ratsam, diesen Versuch erst einmal allein – ohne Kinder – zu üben.

Der Ballon schwebt zur Wolke, Klara und Tim springen auf und landen kurze Zeit später sanft auf der Erde.

Wenn die Kinder den Ballonflug noch einmal sehen wollen, können unsere Helden noch eine Hochzeitsreise machen.

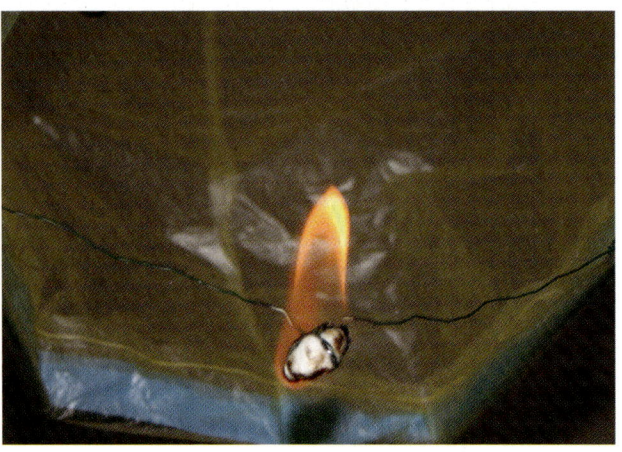

Luftballons: Raketen, Reibung, Rumba

Heißluftballons und Unterseeboote verwenden dasselbe Prinzip zum Steigen und Fallen. Der einzige Unterschied ist, dass Wasser durch Luft ersetzt wird.

Aber für Kinder macht es einen großen Unterschied, ob etwas unter Wasser schwimmt oder in der Luft. Das Material bildet einen Zusammenhang. So steht zwar in fast allen Schulbüchern die Reibungselektrizität in einem anderen Kapitel als der Raketenantrieb – hier werden beide mit Luftballons erforscht. Das Material steht im Vordergrund. Es geht um die Frage: Was kann man alles mit Luftballons anstellen?

Gewöhnung ans Material

Eine Übung für die Gruppe: Ein Luftballon wird aufgeblasen und in die Mitte des Raumes geworfen. Die Kinder sorgen dafür, dass er nicht den Boden berührt: Ein kleiner Stups, und er fliegt wieder nach oben. Dann der zweite Luftballon, dann ein dritter. Eben so schnell, wie die Spielleiterin oder der Spielleiter die Ballons aufblasen und verknoten kann. Drei von den großen, bunten Luftkugeln sind schon schwierig für 10 bis 12 Kinder.

Und dann kommen die Hände in die Hosentaschen oder auf den Rücken. Keine Hand berührt mehr die Ballons. Stattdessen sind Kopf, Fuß, Bein, Bauch, Schulter und Rücken an der Reihe.

Raketenantrieb

Material
- *Luftballon*
- *Nylonfaden*
- *Röhrchen (Trinkhalme)*
- *Klebestreifen*

Ein Luftballon wird aufgeblasen und losgelassen. Der Raketenantrieb ist erfunden. Leider fliegt er etwas unkontrolliert durch den Raum.

Aber Führung ist möglich. Der Nylonfaden wird durch einen (halben) Trinkhalm gezogen und anschließend gespannt. Je dicker der Faden, desto weniger kann man sich an ihm schneiden. Dann wird der aufgeblasene Luftballon mit einem Klebestreifen an den Trinkhalm geklebt, und zwar so, dass der »Auspuff« nach hinten zeigt. Dann wird losgelassen.

Die Luft bläst nach hinten (Auspuffrohr der Rakete) und treibt so die Rakete entlang der Nylonführung nach vorn, während sie selbst immer kleiner und kleiner wird.

Denselben Antrieb nutzen auch die sogenannten Raketenluftballone. Durch ihre längliche Form schnurren sie nicht so chaotisch durch die Luft wie ihre fast kugelförmigen Brüder. Im Handel gibt es solche Flugobjekte zusammen mit einem Mundstück zum Aufblasen. Gut fliegen auch die Ballons, die freischaffende Künstler in Fußgänger-

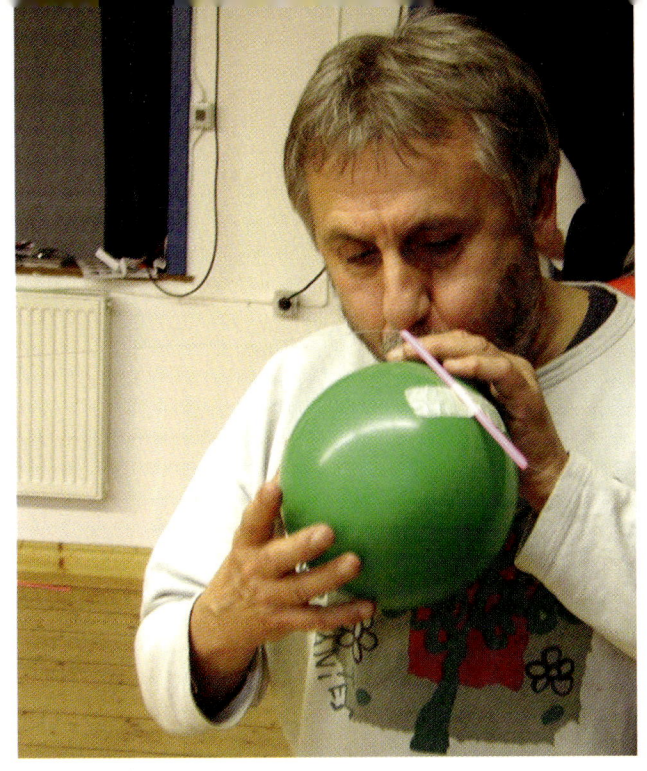

zonen zu Hunden, Figuren, Schwertern und Katzen verknoten. Bei diesen Luftballons braucht man noch eine Pumpe.

Für den Flug sollte es nahezu windstill sein. Aufgeblasene Raketen gehen leicht kaputt, wenn sie die Wiese berühren – die Gräser zerschneiden das Gummi mit einem Knall.

Reibungselektrizität

Wasserbomben sind preiswerte kleine Luftballons, die normalerweise mit Wasser gefüllt werden und beim Aufprall platzen. Wenn man sie gut dehnt, lassen sie sich auch aufblasen. Hier sind sie mit Luft gefüllt:

Reibt man diese Luftballons an der Kleidung, so laden sie sich elektrisch auf und bleiben an den unterschiedlichsten Stellen »kleben«: an Wänden und Decken, an Haaren, Masken, …

Ein Tanz im Luftstrom

Die häufigste Auftriebsmethode nutzt eine Sogwirkung. Flugzeuge, Hubschrauber, Bienen, Schmetterlinge und Vögel nutzen diese Technik: Der Flügel ist so geformt, dass die Luft an der Oberseite schneller vorbeiströmt als an der Unterseite. Das führt zu einem Unterdruck auf der Oberseite – ein Sog nach oben entsteht.

Das Prinzip kann mit einem kleinen Luftballon (Wasserbombe) und einem Trinkhalm getestet werden. Ebenso eignen sich ein Haartrockner und ein »normaler« Luftballon.

Mit ein bisschen Übung kann man auf den Trinkhalm verzichten. Man bläst Luft nach oben und setzt auf diesen Luftstrom einen kleinen Luftballon. Einfacher gelingt die Übung, wenn man sich dabei auf den Boden legt.

Den Luftballon zieht es immer in die Mitte des Luftstromes. Hier strömt die Luft am schnellsten, am Rand des Luftstromes am langsamsten. Befindet sich der Ballon nicht in der Mitte, so wird er auf der Seite, die zur Mitte hin zeigt, stärker mit Luft umströmt. Es entsteht ein Sog, der ihn wieder in die zentrale Position rückt.

Hubschrauber

Wir strecken die Arme nach außen und drehen uns im Kreis. Wie ein Hubschrauber fliegen wir durch den Raum. Jetzt wollen wir einen Flieger bauen, der sich genauso dreht.

Hier die Faltvorlage: Gepunktete Linien werden gefaltet, durchgezogene geschnitten.

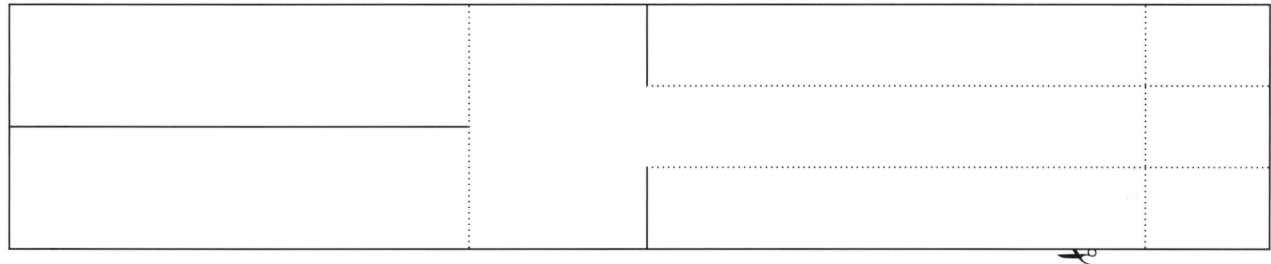

Das Ergebnis sieht so aus:

Nimmt man weißes Papier, kann man die Flügel mit unterschiedlichen Farben bemalen. Auch auf diese Art lassen sich Farben mischen.

Kinder bauen ihre Stadt

Eine wunderbare Erfahrung: Straßen und Gassen entstehen, Gewölbe werden gebaut und stürzen wieder ein.
Karton lässt eine eigene Welt entstehen. Selbst für Erwachsene verwandelt sich der Platz in eine Erlebniswelt.
Wenn man bedenkt, dass für Kinder die Kisten doppelt
so hoch, doppelt so breit und doppelt so hoch wirken, ist
es schon ein kleines Universum.

Material
• *etwa 2000 Kartons*

Tipps zur Organisation

Natürlich gibt es im Internet Angebote, aber in der Regel
sind diese teuer. Außerdem ist es nett, mit der eigenen
Stadt ins Gespräch zu kommen, statt eine Firma anrücken zu lassen. Und für Kinder machen viele Leute

meist ziemlich viel. Am besten nehme man für eine Stadtgründung im Sommer schon im Winter davor mit der Stadt wegen der Örtlichkeit des Spektakels Kontakt auf. Als Nächstes sind die lokalen Firmen zu verständigen, damit genügend Kartons als Baumaterial gesammelt werden. Für eine marktplatzgroße Stadt liegt man mit 2000 Kartons ganz gut.

Mit einplanen sollte man auch die Vernichtung der Kartons, sonst steht man am Schluss mit mehreren Tausend Kisten allein da. Zur Sicherheit sollte man das Rote

Kreuz verständigen; mit der Stadt müssen die Feuerwege geregelt werden. Ebenfalls sollte nur einstöckig gebaut werden. Das alles hört sich nach viel Aufwand an. Dem ist aber nicht so.

Die Spielmöglichkeiten in einer solchen Stadt scheinen unbegrenzt zu sein. Mit Kreide können Wege aufgezeichnet, Hausnummern vergeben, (Verkehrs-)Schilder gemalt, Stadtpläne gezeichnet werden.

Längen im Vergleich oder Die Erfindung eines Maßes

Es gibt in der Mechanik drei Basisgrößen: das Meter für die Länge, das Kilogramm für die Masse und die Sekunde für die Zeit. Ein Gefühl für Längen zu entwickeln ist am einfachsten, da man verschiedene Längen direkt mit dem eigenen Körper (zum Beispiel durch Abschreiten) vergleichen kann. Statt das Meter vorzugeben, ist es spannender, selbst nach einem Maß zu suchen. Man kann sich viele Methoden und Maße ausdenken, um einen Raum auf seine Länge hin zu untersuchen, die alle viel Freude machen werden: Wie viele Finger müssen aneinandergelegt werden, um die Länge eines Raumes zu erhalten? Wie viele Ellen oder Fuß sind es von hier bis dort, wie viele Körperlängen? Das waren die ersten Maßeinheiten, lange bevor das Meter eingeführt wurde.

Material
- *Schnur*

Eine weitere Übung: Drei Schnüre mit 0,9 Meter, 1,0 Meter und 1,1 Meter werden in drei verschiedenen Zimmern ausgestellt. Die Kinder sollen herausfinden, welche Schnur die kürzeste und welche die längste ist. Die Schwierigkeit dabei ist, dass die Schnüre an verschiedenen Orten (z. B. Zimmern) sind und diese nicht verlassen dürfen. Die Kinder entwickeln ohne Anleitung Lösungsstrategien, beispielsweise messen sie mit ihrer Armspanne und versuchen dieses »Maß« an den anderen Ort mitzunehmen. Schnüre mit unterschiedlicher Farbe vermeiden Verwechslungen.

Die Aufgabe ist auch für Erwachsene interessant, wenn man als Längenunterschied nur einen Zentimeter zulässt – oder einen Millimeter.

Von Fingerspitze zu Fingerspitze und vom Scheitel bis zur Sohle oder Leonardo da Vinci

Was ist länger: die Strecke vom Scheitel bis zur Sohle oder von Fingerspitze zu Fingerspitze? Ist es bei Erwachsenen anders als bei Kindern?

Material
- *Schnur oder Zollstock*

Man benötigt nur eine Schnur oder einen Zollstock, um die Längen zu vergleichen. Es legt sich immer ein Kind auf den Boden, das dann vermessen wird. Wenn man vorher eine Vermutung geäußert hat, ist die Auflösung spannender – sowohl bei Kindern als auch bei Erwachsenen sind beide Längen gleich.

Gleiche Massen?

Material
- *eine Tafel Schokolade*
- *Waage (am besten Balkenwaage)*

Die Masse ist eine abstraktere Sache. Wir können nicht direkt bestimmen, was mehr oder weniger Gramm besitzt, wir brauchen ein Instrument zum Vergleich: die Waage, am besten eine Balkenwaage.

Auf den Boden wird zum Beispiel eine Tafel Schokolade (100 Gramm) gelegt, und die Kinder sollen nach Dingen suchen, die die gleiche Masse haben. Nach und nach füllt sich der Boden mit ganz unterschiedlichen Dingen.

Jetzt wird mit Kreppband eine Grenze gezogen: Auf die eine Seite wird eine Feder, auf die andere ein Stein gelegt. Die verschiedensten Dinge, die gefunden wurden, werden nun sortiert.

Abgewogen wird mit den Händen. Was mehr Masse als die Schokolade besitzt, kommt auf die Steinseite, was weniger Masse besitzt, auf die Federseite. Wenn etwas als genau gleich eingeschätzt wird, wird es auf das Kreppband gelegt.

Wenn alles an seinem Ort liegt, wird mit einer Balkenwaage verglichen.

Zeit als Entfernung

Zeit ist am schwierigsten zu begreifen. Wir Menschen können zeitliche Abläufe viel schlechter überschauen als räumliche. Wir zeichnen Diagramme, um Zeitabhängigkeiten räumlich (auf dem Papier) zu erfassen. Man kann die Erfindung der Uhr auch so verstehen, dass etwas gefunden wurde, das den zeitlichen Ablauf räumlich fassbar macht: Die Zeit wird zur Bewegung eines Zeigers. Es ist kein Wunder, dass Kinder mit dem Zeitbegriff größere Schwierigkeiten haben als mit Länge oder Masse.

Wir versuchen wie bei der Uhr, die Zeit etwas besser zu verstehen. Ein Weg wird in Monate aufgeteilt, und die Kinder stellen sich an der Stelle auf, die ihren Geburtstag markiert. Dabei müssen die Erwachsenen natürlich helfen. Auf dem Zeitstrahl kann nun jeder sehen, wer vor ihm und wer nach ihm Geburtstag hat.

Hier haben wir einen Kalender nachempfunden. Vorne ist Januar und hinten Dezember. Doch was kommt nach dem Dezember? Nichts? Es geht doch wieder von vorne los!

Formt man die Wegstrecke zu einem Kreis, hat man eine Uhr. Eine Uhr für Monate. Auch eine Uhr bedeutet ja, dass Zeiger einen Rundwanderweg abschreiten.

Sonnenuhr

Material
- *Schnur*
- *Kreide*
- *Stock*

Je größer, desto besser. Wahrscheinlich liegt der Kindergarten nicht am Sandstrand, und so machen wir im Hof einen großen Kreis. Schon das ist ein Erlebens: Mit einer Schnur und Kreide wird ein Kreis gezogen.

Jede Stunde darf ein anderes Kind einen Strich machen und die Zahl (Uhrzeit) dazuschreiben. Jetzt ist es gerade acht Uhr, jetzt neun Uhr, …

Am nächsten Tag wird nachgeschaut, ob die Uhr noch stimmt. Regnen darf es halt nicht. Und Wolken sollte es auch keine geben.

In einem Kindergarten fingen die Kinder an, ihre eigenen Kreise zu ziehen und die Uhrzeiten hineinzuschreiben. Über zwanzig Kreise waren schließlich auf dem Hof.

Kettenreaktionen

Bei uns heißt sie nur »Ratterbahn«. Jeder kennt sie, jeder hat schon einmal eine gebaut: Stein für Stein wird in allen möglichen Formen eine Bahn errichtet, nur mit dem Ziel des großen Umsturzes.

Material
- *Bauklötze oder Parkettreste*

Hier wurden nur Holzklötze in einer Form verwendet. Sie können in einer Parkettfirma nachfragen, ob das Zuschneiden solcher Klötze für einen Kindergarten möglich ist und was es kostet. Hartes Holz ist viel haltbarer als weiches.

Ungewöhnliche Kreisel

Material
- *leere Klebebandspulen*
- *Filzstiftdeckel*
- *ein hart gekochtes Ei*

Im Kindergartenalter ist es schwer, einen Kreisel »anzudrehen«. Leichter ist es, einen Kreisel »anzuschnipsen«. Wir nehmen als Kreisel leere Klebebandspulen:

Man drückt mit dem Finger auf das stehende Rad. Es läuft durch den Raum und rotiert dabei rückwärts. Dann bremst es ab und kommt zurück. Ich habe meinem Jungen und seinem Freund über eine Stunde dabei zugesehen.

Noch spannender, allerdings etwas kniffliger, ist es, einen Filzstiftdeckel anzuschnipsen. Nach ein paar Versuchen klappt es: Er schnellt ein paar Meter nach vorn und rotiert dabei sehr schnell um seine Achse. Und dann passiert es: Er richtet sich auf.

Auch ein hart gekochtes Ei richtet sich auf. Aber für Kinder ist das Andrehen schwierig.

Licht und Schatten

Material
- *mehrere Kerzen*

Wo Licht ist, ist auch Schatten: Der Raum wird abgedunkelt. Eine Kerze wird aufgestellt – jetzt hat alles einen Schatten.

Eine zweite Kerze wird im Abstand von 20 Zentimetern aufgestellt. Auf einmal besitzt jeder Gegenstand mehrere Schatten. Es gibt einen Kernschatten und auf jeder Seite einen Halbschatten. Nach und nach machen wir mehr Kerzen in einer Reihe an und beobachten die Zunahme der Schatten.

Magdeburger Halbkugeln – Druck und Unterdruck

Material
- *zwei neue Saugglocken (aus dem Baumarkt)*
- *Turnmatten*

Saugglocken: Man kennt dieses Werkzeug (auch Pömpel genannt) aus dem Bad. Allerdings wollen wir hier noch unbenutzte Gerätschaften verwenden.

Der Rand der Gummikappe wird mit Wasser oder Spucke benetzt. Anschließend wird die am Stock befestigte »Halbkugel« gegen eine glatte Fläche wie ein Fenster oder eine Türe gedrückt. Sie hält ohne Klebstoff, und man benötigt einige Kraft, um die »Halbkugel« wieder zu entfernen.

Man kann es noch sinnlicher erleben: Auch ein Kinderbauch ist ein glatte Fläche, und es macht »plopp«, wenn die »Halbkugel« abgezogen wird.

Nach der Materialerkundung erzählen wir die Geschichte von den Magdeburger Halbkugeln: Otto von Guericke wollte im 17. Jahrhundert zeigen, dass zwei Halbkugeln

unglaublich stark zusammenhalten, wenn die Luft dazwischen herausgepumpt worden war. Es gab keinen Klebstoff oder sonst eine Befestigung der beiden Kugeln. Auf beiden Seiten ließ Guericke zwei Gespanne mit jeweils 15 Pferden ziehen! Der äußere Luftdruck presste beide Kugeln zusammen. Damit bewies Otto von Guericke eindrucksvoll die Existenz der Erdatmosphäre.

Unsere beide »Halbkugeln« sehen so aus. Die Verbindungsstelle wurde mit Wasser angefeuchtet, sodass keine Luft nach dem Zusammendrücken einströmen kann.

Je zwei Kinder dürfen versuchen, die beiden Hälften wieder zu trennen. Das eine zieht nach rechts, das andere nach links. Die Kraft ist so groß, dass es zwei Kinder nicht schaffen werden. Wenn aber ein bisschen Luft einströmen kann (leichtes Drücken auf den »Kugeläquator«), trennen sie sich von selbst.

Man achte bei dem Experiment darauf, dass die Kinder weich fallen (Turnmatten!). Wenn die Kugeln während des Tauziehens plötzlich auseinandergehen, kann eine ziemliche Wucht entstehen.

Rund ums Wasser

»Rund ums Wasser« versammelt Experimente aus unterschiedlichen Disziplinen. Verbindendes Element ist das Wasser (oder andere Flüssigkeiten). Kinder denken meist vom Material her.

Luftdruck und Wasserfluss

Material
- *Glas*
- *Postkarte*
- *Teller*
- *Kerze*

Die Fortsetzung des Experiments zu den Magdeburger Halbkugeln:

Ein Glas wird mit Wasser randvoll aufgefüllt und umgedreht. Logisch: Das Wasser läuft heraus. Wieder füllen wir das Glas *randvoll* mit Wasser. Aber diesmal drehen wir es nicht sofort um, diesmal legen wir einen Bierdeckel oder eine Postkarte obendrauf. Und dann drehen wir das Glas um. Was passiert, wenn man jetzt den Bierdeckel nicht mehr fest hält? Er hält. Es ist keine Hand mehr dran. Er hält einfach so. Wer traut sich, darunter durchzugehen? So, dass der Kopf genau unter dem Bierdeckel ist! Alle trauen sich, das Wasser bleibt drin. Es kann ja gar nicht rausfließen. Es müsste ja Luft rein, damit etwas rausfließen kann. Aber das verhindert der Bierdeckel. Aber seltsam sieht es schon aus, das umgedrehte Glas, das den Bierdeckel festhält.

Ein zweites Experiment zum Luftdruck: Auf einem Teller wird eine Kerze befestigt, am besten mit flüssigem Wachs. Dann wird Wasser in den Teller gegossen, die Kerze angezündet und schließlich noch ein Glas über das Ganze gestellt.

Die Kerze brennt immer weniger – klar, die Luft geht ihr aus. Jetzt geht sie gleich aus – war ja abzusehen. Aber dann passiert es: Das Wasser wird hineingezogen. Sehr kräftig wird es hineingezogen. Es spritzt. Irgendeine Kraft war da. Es steht jetzt hoch im Glas. Die Kerze steht unter Wasser.

Die Kerze hat die Luft verbraucht. Ein Unterdruck ist im Glas entstanden und hat das Wasser angesaugt.

Schwimmt Knete?

Ein Schiff kann aus Eisen bestehen und geht trotzdem nicht unter – wie kann das sein? Da Eisen sich im Kindergarten schlecht bearbeiten lässt, werden Boote aus Knete gebaut.

Jeder Teil der Übung ist ein Experiment für sich. Zwar passt alles wunderbar zusammen, aber es ist ebenso möglich, nur einen oder zwei Teile auszuwählen.

Erster Teil
Es soll erforscht werden, was alles im Wasser schwimmt und welche Dinge untergehen. Dazu sucht jedes Kind zwei Gegenstände: einen, der vermutlich schwimmen wird,

Material
- *Knete*
- *Eimer*
- *Luftballon/ Wasserbombe*
- *Centstücke*

und einen, der voraussichtlich untergeht. Wenn jedes Kind etwas gefunden hat, werden alle schwimmfähigen Gegenstände ins Wasser gelegt und wieder herausgenommen. Dann wird getestet, ob die anderen untergehen.

Zweiter Teil

Ein Luftballon wird mit Wasser gefüllt, sodass eine Wasserbombe mit etwa 15 Zentimeter Durchmesser entsteht. Jedes Kind darf den Ballon einmal in die Hände nehmen und schätzen, ob er untergeht oder schwimmt. Danach findet das Experiment statt: Die Wasserbombe schwebt im Wasser. Wenn man Lust hat, kann man jetzt den Kindern eine deutlich kleinere Wasserbombe in die Hand geben und die Frage erneut stellen. Auch hier schwebt der mit Wasser gefüllte Ballon: Alles, was schwerer als Wasser ist, geht unter; was leichter ist, steigt. Auf diese Art und Weise erfahren die Kinder die Bedeutung von Dichte, ohne dass sie direkt belehrt werden müssen.

Eine Wasserbombe kann im Wasser ohne Anstrengung gehalten werden. Umso mehr beeindruckt die Gewichtskraft, wenn der Ballon aus dem Wasser geholt wird.

Dritter Teil

Warum schwimmt nun ein Schiff? Es besteht doch auch aus Eisen und das geht doch bekanntlich im Wasser unter. Der Leiter kann die Stelle im 4. Kapitel von »Jim Knopf und Lukas der Lokomotivführer« vorlesen, in dem Lukas dem verblüfften Jim erklärt, wie man die Lokomotive Emma so zum Boot umwidmet, dass sie nicht untergehen kann – obwohl sie aus Eisen ist.

Ist diese Geschichte frei erfunden? Der Leiter nimmt eine aus Knete geformte Lokomotive, stellt sie auf die Wasseroberfläche und lässt los: Sie geht unter.

Jedes Kind erhält nun 15 bis 20 Gramm Knete (das entspricht ungefähr einem Esslöffelvoll) und soll diese so formen, dass sie schwimmt. Das ist nicht zu leicht. Versucht man die Knete auseinanderzuziehen, reißt sie. Eine praktikable Methode besteht darin, die Knete so lange zu drücken, bis sie ganz dünn ist.

Anschließend können die Boote beispielsweise mit Centstücken beladen werden. Wie viel Centstücke kann ein Schiff laden, ohne unterzugehen?

Oberflächenspannung, Centstücke und ein klitzekleines bisschen Spülmittel

Material
- *Glas*
- *Centstücke*
- *Spülmittel*

Ein Glas Wasser wird bis zum Rand gefüllt. Nach und nach lässt jedes Kind ein Centstück ins Glas fallen. Mit jeder Münze wird das Glas voller, doch es läuft nicht aus. Das Wasser wölbt sich immer mehr. Es wirkt, als ob irgendetwas über das Glas gespannt ist, das das Wasser daran hindert, endlich überzulaufen. Aber es läuft nicht über. Immer mehr Centstücke finden Platz.

Schließlich streichen wir auf eine Münze ein klitzekleines bisschen Spülmittel. Wieder versuchen wir, das Centstück ins Glas fallen zu lassen, ohne dass etwas herausläuft. Aber jetzt läuft das Wasser über. Das Spülmittel an der Münze hat die Oberflächenspannung des Wassers zerstört.

Zerrspiegel Wasserglas

Wenn man nicht von der Seite ins Glas schaut, sondern schräg von oben, sieht man ein ganz anderes Bild. Alle Münzen scheinen doppelt vorzukommen. Wie wenig es zum Experimentieren braucht: Ein Glas Wasser reicht schon.

    Das ist ein rundes Glas. Wie viele Spiegelungen sieht man in einem Glas mit Kanten?

Material
- *Wassergläser unterschiedlicher Form (rund, mit Kanten)*

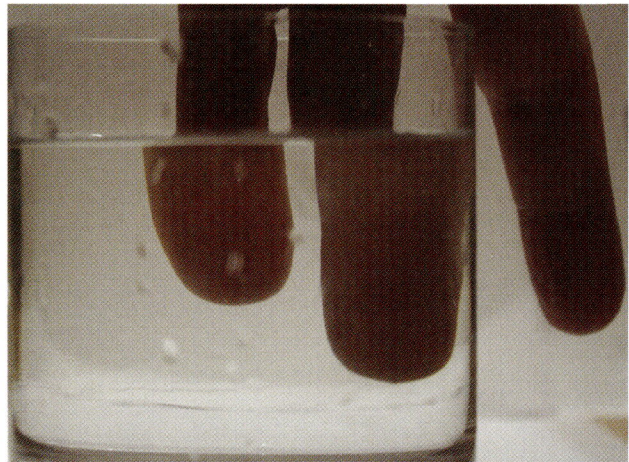

Jetzt tauchen wir einen Finger ins Wasserglas. Er wird größer. Viel größer.

Aber am seltsamsten ist doch, wenn man die Hand hinter dem Glas vorbeischiebt und die Fingerspitzen auf der gegenüberliegenden Seite auftauchen.

Der Taucher

Material
- *Plastikflasche*
- *Alu-Folie*

Zauberei: Eine Kugel in einer Plastikflasche bewegt sich im Wasser auf und ab – je nachdem, wie stark die Flasche gedrückt wird:

Der Bau eines sogenannten Cartesianischen Tauchers ist einfach: Haushaltsübliche Alu-Folie wird kugelförmig zusammengeknüllt, sodass sie *gerade noch* schwimmt. Wenn die Kugel noch ein kleines bisschen aus dem Wasser ragt, dann hat sie die richtige Dichte. Wenn die Kugel untergeht, wurde die Folie zu stark gepresst, und man beginnt am besten mit neuer Alu-Folie von vorne. Es hilft auch, die Kugel ins Wasser fallen zu lassen und zu beobachten, wie schnell sie wieder auftaucht.

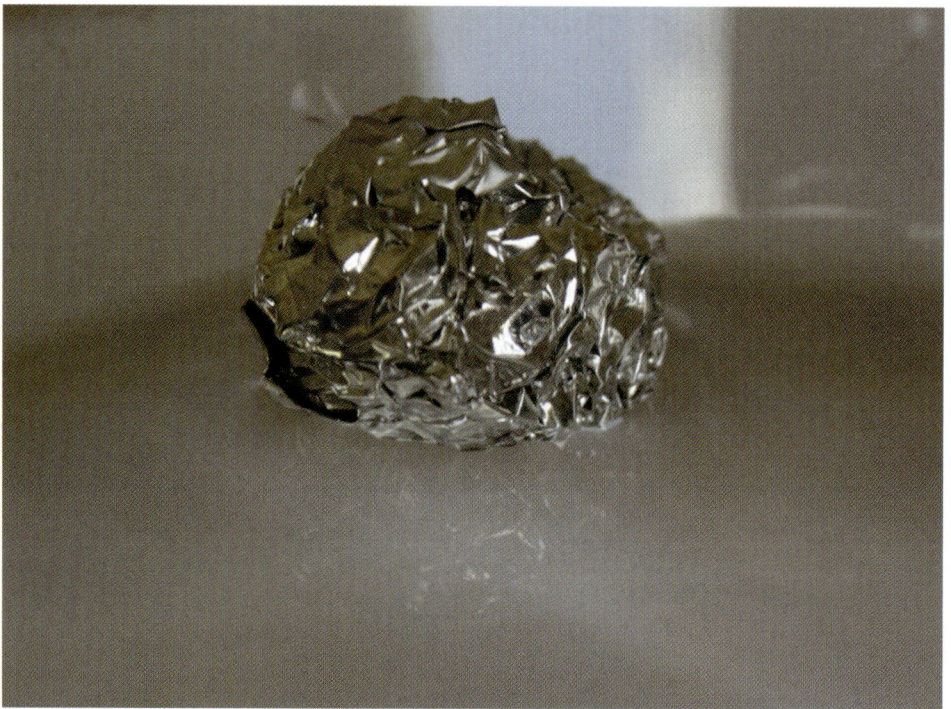

Jetzt kommt die Kugel in eine Plastikflasche, die komplett mit Wasser gefüllt und dicht verschlossen wird. Drückt man von außen auf die Flasche, sinkt die Kugel.

In der Alu-Kugel befindet sich Luft. Wird der Druck in der Flasche erhöht, wird Wasser in die Kugel gepresst. Dadurch steigt die Dichte und die Kugel sinkt. Hätte sie genau dieselbe Dichte wie Wasser, würde sie im Wasser schweben.

Lässt der Druck auf die Flasche nach, kann die Luft in der Kugel das Wasser wieder nach außen drücken: Die Dichte nimmt wieder ab, und die Alu-Kugel steigt nach oben.

Einen Vulkan bauen

Vulkane sind immer wieder faszinierende Objekte für Kinder wie auch für Erwachsene. Aber wer hat schon einmal einen Vulkan ausbrechen sehen? Was muss passieren, damit sich so viel anstaut, dass es zu einer Explosion oder gar zu einem Ausbruch nach oben kommt?

Man kann die Entwicklung von Gas aus einer sonst harmlosen Flüssigkeit ganz gut mit einem Backpulvervulkan darstellen.

Man füllt die kleine Flasche mit Backpulver oder Natron, setzt sie auf die Fettpfanne (Überlaufschutz, damit man das Experiment auch drinnen machen kann) und schichtet ringsum so Sand auf, dass nur noch der »Vulkankrater« zu sehen ist. Dann schüttet man den mit roter Lebensmittelfarbe versetzten Essig, eventuell mithilfe eines Trichters, in den Krater – und wartet auf den Ausbruch. Hat man ein wenig Spülmittel in die Flüssigkeit gegeben, schäumt es besonders schön. Kinder können sich die den Sand herabrinnenden Ströme sehr gut als Lavaströme vorstellen.

Theaterpädagogisch umgesetzt, lieben die Kinder eine Wiederholung in Form von Standbildern mit »Ich bin der Sand«, »Ich bin das Gas«, »Ich bin die Lava« …

Material
- kleine Plastikflasche (0,2 Liter)
- Backpulver oder Natron
- Essig
- rote Lebensmittelfarbe
- Spülmittel
- Sand
- Backblech (Fettpfanne)

Einen noch größeren Ausbruch erhält man, wenn Mentos und Cola aufeinandertreffen. Die entstehende Fontäne ist so hoch, dass dieser Versuch nur draußen durchgeführt werden kann.

Stellen Sie die Cola-Flasche kippsicher draußen auf und entfernen Sie den Verschluss. Geben Sie etwa vier Mentos-Bonbons in die Flasche – und suchen Sie rasch Deckung.

Wer schnell genug ist, schafft es vielleicht sogar, einen Verschluss mit kleinerer Öffnung (durchbohrter Cola-Deckel) auf die Flasche zu bringen – dann wird die Fontäne höher

Anders als beim Backpulvervulkan handelt es sich hier nicht um eine chemische Reaktion – die Fontäne entsteht auf der Grundlage von physikalischen Vorgängen. Entscheidend ist die raue Oberfläche der Mentos-Bonbons.

Zauberlöscher

Material
- *zwei kleine Gläser mit
senkrechten Wänden*
- *ein Teelicht*
- *Backpulver*
- *Essig*

Es geht um ein Gas, das in unserer Luft enthalten ist. Es ist nicht giftig, es riecht nicht und es ist schwerer als Luft: Kohlendioxid. Die letzte Eigenschaft wollen wir uns jetzt zunutze machen, außerdem die Tatsache, dass eine Flamme in Kohlendioxid nicht brennen kann: Das Kohlendioxid verdrängt den Sauerstoff, die Kerze erlischt, weil ihr der Sauerstoff fehlt.

In das erste Glas gebe man das Teelicht und zünde es an. In das zweite gebe man einen Teelöffel Backpulver. Auf diesen Pulverberg gebe man ein bis zwei Esslöffel

Haushaltsessig. Wie beim Vulkan beginnt die Mischung mächtig zu sprudeln. Wir warten eine Weile und senken dann das immer noch sprudelnde Glas über jenes mit dem brennenden Teelicht. Die Gläser sollten sich dabei nicht berühren, das Glas mit dem »auszuleerenden« Gas soll über dem mit der Kerze sein. Wenn das Pulvergemisch zu sehr schäumt, können ein paar Tropfen Wasser Wunder wirken.

Ohne dass man es hätte sehen können, haben wir das farblose Gas erfolgreich in das erste Glas gegossen – es sieht im idealen Falle wie ein Zaubertrick aus. Und mit diesem Überraschungseffekt eignet sich der Versuch gut als Einstieg zu Themen wie Luft/Gas oder Feuer.

Winzer schützen sich übrigens vor dem Erstickungstod, indem sie sich mit Hilfe einer Kerze versichern, dass sie ihren Weinkeller betreten können: Bei der Vergärung von Traubenmost zu Wein entsteht Kohlendioxid, das den zum Atmen notwendigen Sauerstoff verdrängt. Erlischt die Kerze, weiß der Winzer: Weinkeller verlassen, gründlich lüften.

Zucker und Salz lösen

Material
- *Salz*
- *Zucker*
- *Würfelzucker*
- *Salz*
- *möglichst: Salzkristall (im Drogeriemarkt als Badezusatz erhältlich)*
- *sechs gleich große Gläser*

Was passiert, wenn man in ein Glas Wasser zwei Esslöffel Salz hineingibt, in ein zweites dieselbe Menge Zucker? Nicht rühren, nur stehen lassen, und immer wieder mal draufschauen. Welches Pulver verschwindet schneller? Oder geht das bei beiden gleichermaßen schnell? Die Substanzen lösen sich auf, d. h. die feste Struktur von Salz und Zucker wird aufgelöst, es passiert eine Veränderung durch die Wasserteilchen, die dazwischengehen. Das Abtrennen winzig kleiner Teilchen aus dem Kristallverband gelingt unterschiedlich schnell.

Wenn man nicht umrührt, läuft dieser Prozess sehr langsam, wenn man rührt, gibt man dem System Energie, die den Prozess beschleunigt. Diesen Unterschied an Energie kann man auch herausstellen, indem man verschieden temperiertes Wasser verwendet.

Man nehme zunächst zwei gleich große Gläser, gefüllt mit gleich viel Wasser gleicher Temperatur, wobei man in das eine ein Stück Würfelzucker, in das andere eine entsprechende Menge Salz gibt, am besten ein Stück Salzkristall. Danach verwendet man Wasser mit einem möglichst hohen Unterschied in der Temperatur.

Je mehr Energie (Wärme) in dem Wasser enthalten ist, desto schneller können die Wasserteilchen an den Ecken und Kanten des Kristalls »angreifen« und Teile des Feststoffes aus dem Kristallgitter herauslösen. Da man die gelösten Anteile nicht mehr als weißes Material sieht, wird der weiße Berg unten im Glas kleiner.

Salz wieder sichtbar machen

Das salzige Wasser aus dem obigen Versuch lässt man stehen. Wenn es z. B. in einer Schale großen Durchmessers ist, kann es über viele Tage stehen bleiben. Besonders gut eignet sich hier eine Schale in Form eines flachen Zylinders, also mit senkrechter Wand, die möglichst nicht gemustert ist. Was passiert, kann täglich immer wieder neu beobachtet werden: Das Wasser in der Schüssel wird weniger, es verdunstet. An den Rändern entsteht ein weißer Rand. Er zeigt, dass das Salz nicht verschwunden war, sondern noch drin ist im Wasser. Außerdem kann man es schmecken.

Material
- *unifarbige Schale (vgl. Schale zu Foto auf S. 113)*

Wasser schmecken

Im Wasser können verschiedene Substanzen gelöst sein, ohne dass wir sie sehen oder riechen können. Sehr wohl aber können wir sie schmecken. Beispiele dafür sind Zucker, Salz, die Säure der Zitrone und das Bittersalz. Stellt man Wasser, in dem diese Stoffe gelöst wurden, als Geschmacksproben zur Verfügung, können diese den Geschmacksqualitäten süß, salzig, sauer und bitter zugeordnet werden. Als fünfte Qualität nimmt man am besten reines Leitungswasser als neutrales Wasser hinzu.

Man fülle die fünf Flaschen mit frischem Leitungswasser und füge hinzu für
- **süß:** zwei bis drei Esslöffel Zucker – es sollte nur leicht süß schmecken, vor allem im Unterschied zu neutralem Wasser
- **salzig:** ein bis zwei Teelöffel Salz (der fehlende Rieselzusatz ist wichtig, sonst bleibt eine leichte Trübung, die verrät, dass das Wasser nicht neutral ist)
- **sauer:** einen Esslöffel Zitronensäure
- **bitter:** zwei Esslöffel Bittersalz
- **neutral:** nur frisches Leitungswasser, das jedoch die gleiche Temperatur haben sollte wie die anderen Wässer

Material
- *fünf gleich große Sprudelflaschen, am besten Literflaschen*
- *Zucker*
- *Meersalz ohne Rieselzusatz*
- *Zitronensäure (erhältlich in der Apotheke oder als Entkalkungsmittel in der Drogerie)*
- *Bittersalz (erhältlich als Entschlackungs- oder Abführmittel in Apotheken, wirkt in größeren Mengen abführend)*

Zunächst wird die Frage gestellt: Kann man etwas *sehen?* Kann man einen Unterschied *riechen?* Dann erst wird probiert. Und nun: Wie heißt der Geschmack? Im Kindergarten empfiehlt es sich, für die Geschmacksrichtungen Vergleichsobjekte hinzuzunehmen, die die Kinder kennen, z. B. in Schälchen Zucker für süß, ein Salzkristallstück für salzig, eine halbierte Zitrone für sauer, Chicorée-Blätter für bitter, eine leere oder nur mit Leitungswasser gefüllte Schale für neutral.

Lustig sind die interessanten Mischungen, die sich herstellen lassen, z.B. süß-sauer-bitter.

Das Schmeck-Experiment kann um die Farbigkeit von Wasser erweitert werden. Das Auge trinkt sozusagen mit: Wenn wir rotes Wasser trinken, erwarten wir einen

anderen Geschmack, als wenn wir grünes trinken. Probieren Sie eine Versuchsreihe mit Wasser, dem verschiedene (geruchlose!) Lebensmittelfarben zugesetzt wurden, ohne dass sie geschmacklich unterschiedlich sind. Sie werden Ihr »blaues Wunder« erleben, was die Kinder alles schmecken!

Wasser und Tinte

Tinte verteilt sich in ruhigem Wasser auf ganz eigene Weise – Strömungsformen im Wasser können damit sichtbar gemacht werden.

Jedes Kind bekommt ein Glas mit Wasser. Die Benutzung der Pipette wird geübt. So sollen die Kinder für das nachfolgende Experiment nur *einen* Tropfen fallen lassen können.

Dann nimmt jedes Kind aus einem Becher etwas Tinte in die Pipette auf, um anschließend möglichst nur *einen* Tropfen Tinte in das Wasser fallen zu lassen.

Manchmal verteilt sich die Tinte nicht im Wasser, sondern landet in einem Ring am Boden. Nun wird es spannend, wenn wir dem Glas von unten Energie durch Wärme zuführen (Teelicht). Ein Vulkan bricht aus!

Material
- *eine Tropfpipette für jedes Kind (größere Mengen zum Beispiel unter www.linnea-versand.com oder www.medishop.de bestellen)*
- *ein Glas mit Wasser für jedes Kind*
- *Tinte*
- *Teelicht*

Material

- *Tropfpipetten (siehe S. 101)*
- *Glas*
- *Tinte*
- *Öl*

Wasser und Öl

Was passiert, wenn nun etwas Speiseöl aus der Flasche in jedes Glas gegeben wird? Das gelbliche Öl und das durch die Tinte blau gefärbte Wasser sind zunächst vermengt, entmischen sich aber sofort. Das Öl zeigt keinerlei blaue Färbung und schwimmt obenauf.

Was passiert, wenn jetzt Tinte ins Öl getropft wird? Wieder darf *ein* Tropfen Tinte ins Öl getropft werden. Der Tropfen »hängt« zunächst unter der Oberfläche des Öls, um dann langsam abzusinken. Dann »liegt« er auf der Grenzfläche Öl/Wasser, um plötzlich zu platzen, wobei sich dann im Wasser die bereits vorher beobachteten Strömungsformen zeigen.

Den Versuch mit Wasser und Öl bzw. Tinte kann man hervorragend durch Standbilder nachspielen. Ein erstes Kind geht in den Kreis oder auf die Bühne und stellt das Wasser dar. Ein zweites gesellt sich hinzu: »Ich bin das Öl«, ein drittes als »Ich bin die Tinte«. Die Dreierkombination wird danach wieder aufgelöst. Dieses Spiel kann beliebig oft wiederholt werden mit anderen Dreierkombinationen, die alle begrifflich mit dem Versuch zu tun haben (z. B. Glas, Pipette, Tropfen).

Wasser abweisend

Öl und Wasser vermischen sich nicht, das haben wir bereits gesehen. Man könnte auch sagen: Öl und Fett sind Wasser abweisend. Diese Eigenschaft kann z. B. ein Vogel gebrauchen, wenn er seine Federn mit einem speziellen Fett einreibt, damit sie das Wasser gut abperlen lassen. Oder wenn wir unsere Schuhe einfetten, damit Wasser nicht so schnell in die Schuhe eindringt.

Weitere Versuche dazu:
• Wir reiben unsere Hände mit etwas Margarine oder Öl ein und versuchen dann,

Material
• *Öl oder Margarine*
• *Zeitungspapier*
• *Filterpapier*
• *Sonnenblumenkerne*
• *zwei Brettchen*
• *Hammer*

dieses Fett unter dem Wasserhahn abzuwaschen. Gelingt das mit kaltem Wasser oder ohne Seife?

- Wir schneiden zwei Figuren aus der Zeitung aus. Die eine wird eingeölt, die andere nicht. Wir legen beide Figuren auf Wasser und beobachten, ob und wann sie untergehen.
- Wir nehmen zwei Stücke Filterpapier und geben auf das eine einen Tropfen Öl, auf das andere einen Tropfen Wasser. Wie sehen die Papierstücke aus, wenn man sie gegen das Licht hält?
- Wo kommt eigentlich das Öl her, zum Beispiel in Sonnenblumenöl? Wir nehmen zwei bis drei Sonnenblumenkerne, die wir in etwas Filterpapier einwickeln und dann zwischen zwei Brettchen mit einem schweren Hammer zerdrücken. Wie ein Fettfleck aussieht, haben wir ja zuvor gesehen.

Aggregatzustände von Wasser

Wasser kann in verschiedenen Formen auftreten. Alle davon kennen die Kinder bereits: den Dampf vom Kochen, die Flüssigkeit vom Regen oder aus der Badewanne, den Feststoff in Gestalt von Eis oder Schnee im Winter. Zwar hat nicht nur Wasser diese sogenannten Aggregatzustände, aber vom Wasser kennt sie jeder, weil der Temperaturunterschied zwischen festem und gasförmigem Zustand nur 100 Grad beträgt.

Wir spielen die Aggregatzustände:

- **fest:** Vier Kinder bilden ein Viereck, einen Eiswürfel, indem sie jeweils die Arme im rechten Winkel ausbreiten und mit den Armen ihrer beiden Nachbarn verschränken. So merken sie, wenn man ihnen die Aufgabe gibt, sich in dieser (starren) Verbindung zusammen zu bewegen, dass sie in dieser Form wenig Bewegungsfreiheit haben und nicht durch Lücken oder durch einen Tunnel im Bewegungsraum hindurchkommen.
- **flüssig:** Die Kinder halten sich an den Händen und bilden eine lange Kette. Die lange Kette kann fast überallhin »fließen«, sie kann auch durch kleine Lücken hindurchkommen. Was passiert, wenn der vordere Teil der Kette zu schnell ist?
- **gasförmig:** Jedes Kind breitet die Arme aus und kann (fast) überallhin fliegen. Es sollen hier möglichst alle Ebenen ausprobiert werden, d. h. ganz unten am Boden, auf den Beinen und dann auf Stühlen oder Bänken, weiter oben also.

Sehr gut eignet sich ein Turnraum, in dem sowieso Kästen, Matten, würfelförmige und runde Elemente verteilt sind.

Noch lustiger wird dieses Spiel, wenn die Erzieherin Ansagen für Temperaturen macht (Frost, warmes Wasser, kochendes Wasser) und die Kinder mit den entsprechenden Formationen antworten. Wer braucht am längsten, um eine Ordnung herzustellen? Und: Geht das Ganze auch leise, wie beim richtigen Wasser?

Schnee, Wasser und Waage

Material
- *vier Plastikbecher*
- *Rundholz*
- *Holzplatte*

Wenn im Winter Schnee liegt, lässt sich der folgende Versuch zum Volumen von Wasser in unterschiedlichen Aggregatzuständen durchführen.

Einer der Becher wird mit Schnee gefüllt und dann die Frage gestellt, welche Wassermenge wohl der Schneemenge entspricht. Zum Vergleich werden drei weitere Becher mit unterschiedlichen Mengen Wasser gefüllt. Zunächst werden die Vermutungen der Kinder abgefragt, dann dient eine einfache Balkenwaage, aus Rundholz und Holzplatte konstruiert, als Hilfsmittel, um die entsprechende Menge zu finden. Nach einer Stunde im Warmen ist der Schnee weitgehend geschmolzen, so wird der direkte Vergleich möglich.

Auch hier sind Wiederholungen in Form von Standbildern sinnvoll.

Rotkohl oder Blaukraut?

Material
- *Rotkohl*
- *Zitronensaft oder Zitronensäurekristalle*
- *flüssige Seife*
- *Zucker*
- *Orangensaft*
- *Apfelsaft*
- *kohlensäurehaltiges Mineralwasser*
- *Backpulver*
- *ein Glas für jeden Tisch*
- *drei kleine Gläschen (100 ml) für jedes Kind*
- *eine Tropfpipette für jedes Kind (größere Mengen zum Beispiel unter www.linnea-versand.com oder www.medishop.de bestellen)*
- *Lappen zum Aufwischen*

Wir haben beim Fünf-Wässerle-Versuch gesehen, dass man Wasserinhaltsstoffe schmecken kann. Manche von ihnen, z. B. die Säure der Zitrone, kann man auch anders sichtbar machen. Rotkohl zum Beispiel enthält einen Farbstoff, der zeigen kann, ob eine Flüssigkeit sauer ist oder nicht.

Man nehme ein Stück Rotkraut, schneide es in Streifen, und koche diese einige Minuten in wenig Wasser. Es geht hier nicht darum, dass die Streifen weich werden, sondern darum, eine ordentliche Menge Farbstoff schnell herauszulösen. Das Schneiden könnte auch durch Raspeln in einer Maschine ersetzt werden. Ist der Saft etwas abgekühlt, füllt man ihn in ein Vorratsglas (z. B. in ein leeres Schraubdeckelglas).

Jedes Kind erhält in seine drei Gläser eine saure Flüssigkeit (Zitronensaft oder Zitronensäurekristalle in Wasser), eine neutrale Flüssigkeit (Wasser) und eine seifige Flüssigkeit (flüssige Seife in Wasser). Seifige Flüssigkeiten nennt man auch basisch – das Gegenteil von sauer. Auf jeden Tisch wird ein Glas mit dem Rotkrautsaft gestellt. Zu jeder Flüssigkeit gibt das Kind mit seiner Pipette ein bis zwei Tropfen vom Rotkrautsaft. Lappen bereithalten – der Saft färbt gut.

Was macht der Rotkraut-Zeigesaft? Bei sauer wird er rot oder rosarot, bei basisch blau bis grün, bei neutral bleibt er violett.

Weiter untersuchen lassen sich z. B.: Zuckerwasser, Orangensaft, Apfelsaft, kohlensäurehaltiges Mineralwasser, aufgelöstes Backpulver.

Unterwasservulkan

Material
- *Zehn-Liter-Aquarium*
- *durchsichtige Flasche*
- *rote Farbe (Lebensmittelfarbe oder Heitmann Eier-Kalt-farben)*

Alte Zehn-Liter-Aquarien eignen sich hervorragend für Temperaturversuche, in denen sich die Veränderung der Dichte erkunden lässt. Man füllt das Aquarium zu zwei Dritteln mit Wasser (Zimmertemperatur). Eine durchsichtige Flasche wird mit farbigem, wärmerem Wasser gefüllt. Die Flasche muss zunächst geschlossen sein und, im Becken stehend, noch vom Umgebungswasser bedeckt sein. Je größer der Temperaturunterschied, desto klarer wird das Ergebnis. Mit roter Farbe ergibt sich ein besserer Kontrast zum Umgebungswasser.

Die warme, mit Farbwasser gefüllte Flasche wird nun möglichst erschütterungsfrei in das Becken gestellt und vorsichtig geöffnet. Das wärmere Farbwasser steigt nach oben und bildet eine Schicht an der Oberfläche. Dies sieht man besonders gut von der Seite des Aquariums.

Der Prozess gelangt zum Stillstand, wenn das Farbwasser in der Flasche nicht mehr wärmer ist als das Umgebungswasser. Die rote Farbe braucht aber noch lange, um sich im ganzen Aquarium zu verteilen. Sie fällt dann in Tropfen und Schlieren von oben in das Becken ein. Betrachtet man die Verteilung von oben, sieht man stehen gebliebene Strömungsmuster.

Material

- *Zehn-Liter-Aquarium*
- *durchsichtige Flasche (flach, auf der Schmalseite abzulegen)*
- *Eiswürfel*
- *blaue Farbe (Lebensmittelfarbe oder Heitmann Eier-Kalt farben)*

Unterwasserwasserfall

Das Wasser für die Flasche wird mit Eiswürfeln heruntergekühlt. Eventuell noch vorhandene Eiswürfel werden entfernt, das Eiswasser in die Flasche gefüllt und blau gefärbt. Die Flasche wird vorsichtig in das Becken gelegt und geöffnet. Das kältere Wasser entströmt der Flasche wie ein Wasserfall nach unten und verteilt sich langsam auf der Bodenfläche des Beckens. Solange das Becken nicht erschüttert wird, sieht der Wasserfall geradezu »stehend« aus, weil man ein Fließen nicht beobachten kann. Wie durch geheimnisvolle Hand leert sich die vorher mit Farbwasser gefüllte Flasche

allmählich, je nach Flaschendicke etwa zur Hälfte. Eine sehr geeignete Flaschenform ist flach und trotzdem auf der Schmalseite abzulegen. Dadurch liegt die Öffnung einige Zentimeter über dem Beckenboden.

Lassen Sie die Kinder malen, was sie gesehen haben. Dabei können fantastische Bilder entstehen (vgl. S. 114).

Heiß trifft kalt

Material
- *Zehn-Liter-Aquarium*
- *Trennwand (zum Beispiel aus Pappe)*
- *rote Farbe (Lebens-mittelfarbe oder Heit-mann Eier-Kaltfarben)*

Wenn man es schafft, das leere Aquarium mit einer Trennwand mittig so zu unterteilen, dass zwei zunächst getrennte Fächer entstehen, kann dieser Versuch gestartet werden. Die entstandenen Fächer müssen nicht absolut dicht sein, aber halbwegs das Wasser im jeweiligen Bereich halten. Die eine Hälfte wird mit kaltem, die andere mit wärmerem Wasser gefüllt, das man wieder rot gefärbt hat. Bei gleich hohem Wasserstand entnimmt man dann die Trennwand. Wie bei den beiden vorherigen Versuchen verteilt sich das kältere Wasser unten, das wärmere oben.

Wellengang im Sand

Material
- *Zehn-Liter-Aquarium*
- *1 Liter feiner Vogelsand*
- *Rundholz (zum Beispiel abgesägter Besenstiel oder Rolle aus sehr stabiler Pappe)*

Das Aquarium wird erst mit dem Sand und dann zu etwa einem Drittel mit Wasser gefüllt. Dann bringt man das Becken über dem Rundholz in regelmäßige Schwingung. Es bilden sich die vom Wattenmeer bekannten Formen im Sand.

Wirbeltrichter

Material
- *großer Topf mit Auslass am Boden (Glühwein-topf, Einkochtopf)*
- *durchsichtige Plastikflaschen*
- *Tornado-Adapter*

Einen Wirbeltrichter (der aussieht wie eine Windhose) kann man am besten im Wasser erkunden. Das Bild zeigt einen Plexiglaszylinder mit Ablassschlauch: Man füllt den Zylinder zu zwei Dritteln mit Wasser und lässt eines der Kinder kräftig rühren. Dann wird der Ablauf geöffnet – und ein Wirbeltrichter entsteht. Wirft man Gegenstände in den Trichter, werden diese nach unten gezogen.

Statt des Plexiglaszylinders kann man auch einen großen Glühweintopf oder einen Einkochtopf mit Auslass verwenden – dann lässt sich der Wirbeltrichter allerdings nur von oben beobachten.

Seitlich sichtbar ist der Wirbeltrichter, wenn man zwei durchsichtige Plastikflaschen mit einem sogenannten »Tornado-Adapter« (etwa zwei Euro, im Internet erhältlich) verbindet. Wer schafft es, am schnellsten durch geeignete Rotation den Wirbeltrichter in Gang zu bringen? Kann der Tornado in beide Richtungen rotieren?

Wirbel erzeugen

Dieses beliebte Rührspiel bringt die Kinder selber mehr in Aktion als bei den vorigen Versuchen. Die Schüssel wird zur Hälfte mit Wasser gefüllt und ein Becher feiner Bastel- oder Künstlersand hineingegeben. Jedes Kind darf dann einmal einen Wirbel erzeugen. Dazu rühren sie mit einem großen Pinsel oder Holzstab so lange in eine Richtung, bis der ganze Sand in Bewegung ist. Dann wird das Rührgerät weggelegt und nur noch beobachtet, was passiert.

Die entstehenden Formen können in Bildern oder gelegt aus Krepp-Papier in Groß-form am Boden nachgearbeitet werden.

Material
- *flache Glasschalen etwa in der Größe einer Springform (z. B. runde Auflaufform)*
- *feiner Vogelsand*
- *Holzstäbe*

Wirbelgemälde von Simon, 5 Jahre, Maria-Hilf-Kindergarten Konstanz

Statt eines Nachworts:
Das Experimentieren zelebrieren

Rituale

Nach jedem Treffen gibt es einen Abschlusskreis: Wir haben uns in einen Kreis gesetzt und eine Schokoladentafel in kleine Stücke gebrochen. Jedes Kind durfte sich ein Stück nehmen, sollte zuvor jedoch eine Frage stellen, musste aber nicht. Geantwortet haben in der Regel die anderen Kinder und nicht die Erwachsenen.

Natürlich lebt das Ritual auch von der Konditionierung durch Schokolade. »Es muss feste Bräuche geben«, erklärt der Fuchs Antoine de Saint-Exupérys Kleinem Prinzen. Rituale werten regelmäßige Treffen auf.

Der Koffer

Ein weiteres praktisches Ritual ist ein Experimentierkoffer, in dem das Material mitgebracht wird. Keiner weiß, was heute drin ist, aber alle wissen, *dass* etwas für die Gruppe drin ist. Es ist das gleiche Prinzip wie an Weihnachten: Man bekommt etwas geschenkt, spannend wird es aber erst durch das Geschenkpapier, die Verpackung.

Aufschreiben gleich Aufwerten

Alles, was von einem Kind herausgefunden wird, kann man durch Aufschreiben oder Fotografieren aufwerten: »Das Herausgefundene oder Gesagte ist so wichtig, dass es (sogar) aufgeschrieben wird.« Das funktioniert, obwohl die Kinder nicht lesen können. Entscheidend ist, dass das Erlebte oder Gefundene ernst genommen wird.

Das Kind kann dem Erwachsenen seinen Text diktieren oder selbst etwas malen – und das Bild dann lesen. Die Aufwertung kann durch das Ausstellen erhöht werden. Zu Beginn des Projektes haben wir alle Kinderfragen aufgeschrieben, erstens, um sie aufzuwerten, und zweitens, um die Fragen nicht zu vergessen.

Einen Rahmen schaffen

Die Experimente wirken stärker und alles ist spannender, wenn Sie eine Theateratmosphäre schaffen: Warten Sie, bis völlige Stille eintritt. In dieser gespannten Situation ist selbst ein sehr kleines und einfaches Experiment von hoher Bedeutung, etwa, ob man eine Nadel fallen hört oder nicht.

Literatur

Gottfried Heinzelmann: Wasserzauber. Neuwied: Luchterhand 1999.

Gisela Lück: Handbuch der naturwissenschaftlichen Bildung: Theorie und Praxis für die Arbeit in Kindertageseinrichtungen. Freiburg: Herder 2003.

Hans-Jürgen Press: Spiel, das Wissen schafft. Ravensburg: Otto Maier 2004.

Theodor Schwenk: Das sensible Chaos. Strömendes Formenschaffen in Wasser und Luft. Stuttgart: Freies Geistesleben 1988.

Gisela Walter: Wasser. Die Elemente im Kindergartenalltag. Freiburg: Herder 1991.

Die Autoren

Martin Kramer ist Vater eines achtjährigen Sohnes, Gymnasiallehrer für Mathematik und Physik, Spielleiter, Theaterpädagoge und Theaterlehrer im Regierungspräsidium Tübingen. Er gibt Kurse und Fortbildungen zu erlebnis- und handlungsorientierter Didaktik. Der Name seiner Website ist Programm: www.unterricht-als-abenteuer.de. Martin Kramer hat das Buch konzipiert, fast alle Fotos gemacht und die Seiten 7 bis 94 geschrieben.

Sabine Schmidt-Halewicz hat im Bereich der Süßwasserkunde promoviert und arbeitet heute als Biologin, Naturpädagogin und Theaterpädagogin. Mehr dazu unter www.limsa.de. Sie ist Mitgründerin und Dozentin der Naturschule Konstanz, die Erzieher/innen und Lehrer/innen in Naturpädagogik und Naturwissenschaften fortbildet. Sabine Schmidt-Halewicz hat die Seiten 95 bis 113 geschrieben. Ihr Dank geht an Prof. Dr. Dieter Brdiczka und Michael Rofka, die dafür Teile zur Verfügung stellten.

Gerhard Friedrich / Viola de Galgóczy
Mit Kindern Technik entdecken
Ein Vorlese-, Mitsing- und Experimentierbuch
Mit Audio-CD
2010, 120 Seiten, Gebunden
ISBN 978-3-407-62651-6

Das Buch vermittelt die Grundlagen zur technischen Bildung von Kindergarten- und Grundschulkindern – anhand von Praxisideen, die auch technische Laien sofort umsetzen können.
Experimente, Bauanleitungen und Konstruktionsaufgaben werden eingebettet in eine Science-Fiction-Geschichte für Kinder, in der ein neu entdeckter Planet erkundet wird. Abgerundet wird das Konzept durch eine CD mit eigens komponierten Liedern rund um das Thema »Technik«, die zum Mitsingen einladen.

So lernen Kinder Technik mit allen Sinnen entdecken.

Aus dem Inhalt:

- Der geheimnisvolle Planet
- Aufbruch nach Technikon: Transport und Verkehr
- Stein auf Stein: Bauen und Wohnen
- Aus Alt mach Neu: Produkt und Produktion
- Die geheimnisvolle Nachricht: Information und Kommunikation
- Erholung muss sein: Haushalt und Freizeit

 Beltz Verlag · Weinheim und Basel · Weitere Infos: www.beltz.de